高校入試
作文・小論文をひとつひとつわかりやすく。

Gakken

作文・小論文に取り組むみなさんへ

作文も小論文も学校でちゃんと習ったことないけど大丈夫？

学校で作文や小論文の書き方を詳(くわ)しく習ったことがないという人は多いと思います。今までなんとなく書いていたという人もいるでしょう。

「どんな対策をしたらいいかわからない」「周りに聞ける人もいない」という人も安心してください。高校入試の作文・小論文で問われることには、ある程度決まったパターンがあるので、高校側が作文・小論文によって何を見ようとしているのかがわかれば、自分で対策できますよ。

文章を書くのが得意じゃない…

書くのが苦手という人は、自分の考えを言葉にするということに慣れていないのかもしれませんね。この本では、自分の経験や考えを言葉にして整理する練習をたくさん用意しています。

書き方のコツを読むだけでなく、実際に自分で考えて作文・小論文を書いてみてください。1冊終わるころには、初見の質問に対しても自分の考えを言葉にする力が身についているはずです。作文を書くときに間違いやすいポイントを整理して説明しますので、効率よく苦手を克服(こくふく)できますよ。

本番で緊張しちゃいそう…

「何にも書けなかったらどうしよう」「緊張して頭が真っ白になってしまうかも…」という不安がある人もいるでしょう。高校側は、あなたが「どんな人なのか」「どんな考えをもっているのか」を知りたいと思って出題しているので、いつも通りの姿を見せられれば大丈夫。「うまく書こう」と力みすぎる必要はありません。とにかく自分で手を動かして書いてみることが、不安を解消する近道です。できれば、志望校がどんな出題をするかを確認して、事前に書く練習をしておくとよいでしょう。

時間がない！ 今からでも間に合う？

高校入試の直前で時間がなかったり、ほかの教科の勉強が忙しかったりと、今から対策を始めて間に合うのか不安な人もいるかもしれません。時間がない場合は、この本のレッスン１から全部を埋めようとしなくても大丈夫です。スケジュールに合わせて、自分に関わりの深そうなところから取り組んでいけば、充分に対策できます。

漠然とした不安があるかもしれないけれど、
自分で考えて自分の言葉で書く練習を積み重ねることで、
不安を一つ一つつぶしていこう。

この本の使い方

1章 書き方の基本ルール

1章では、作文・小論文を書くときに知っておくべき書き方の基本ルールと、伝わりやすい文を書くコツを確認します。

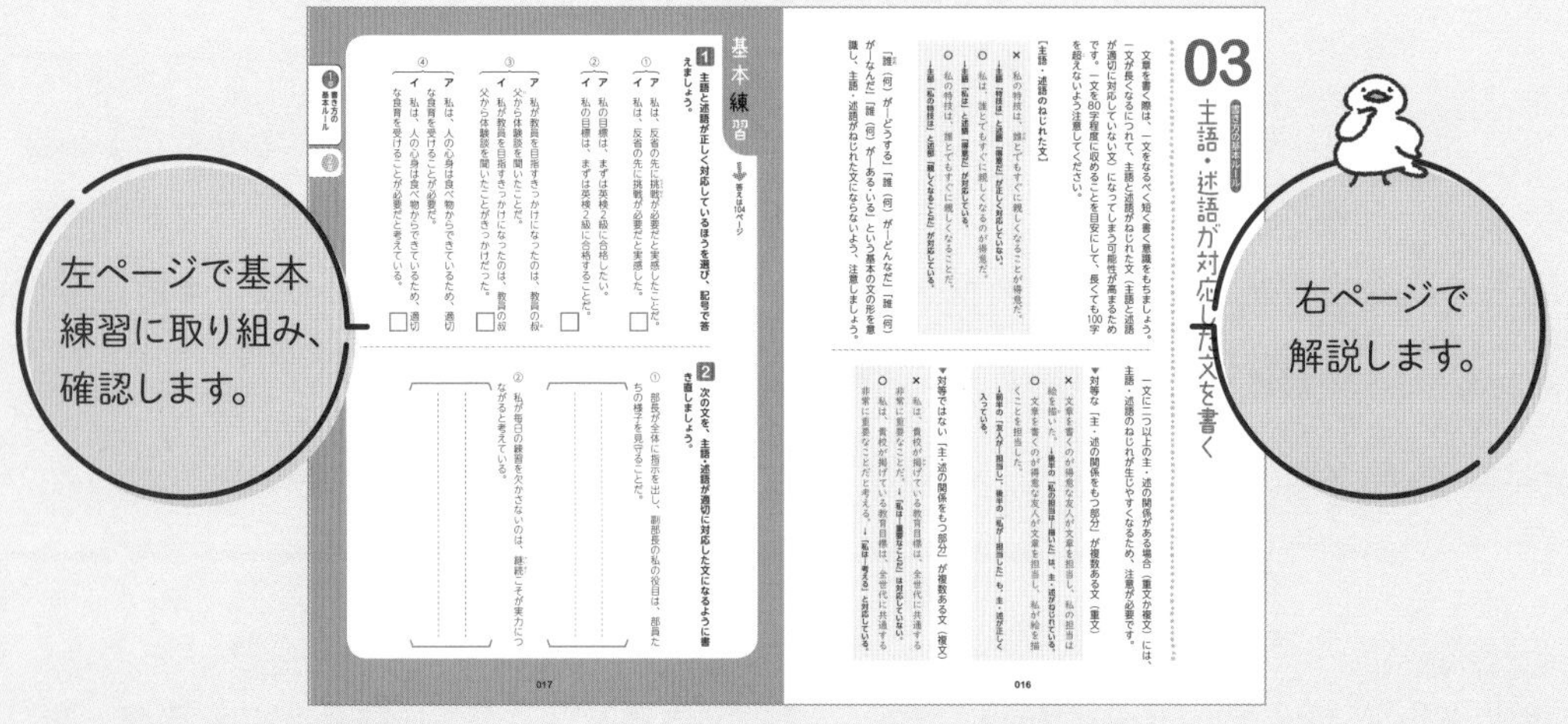

左ページで基本練習に取り組み、確認します。
右ページで解説します。

2章 よく出るテーマ別書き方

2章では、一つのテーマにつき①〜③のレッスンで、ステップを踏(ふ)んで解答を仕上げていきます。

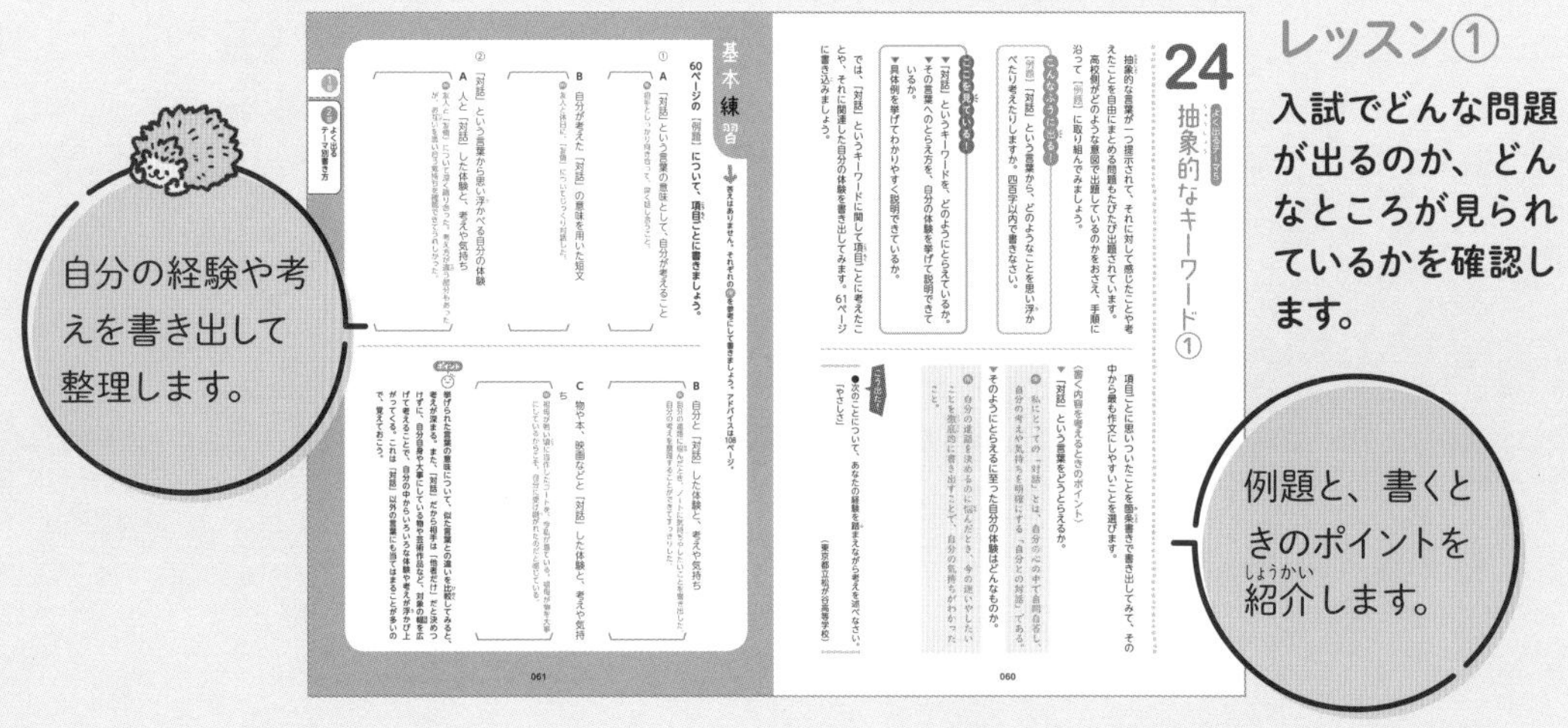

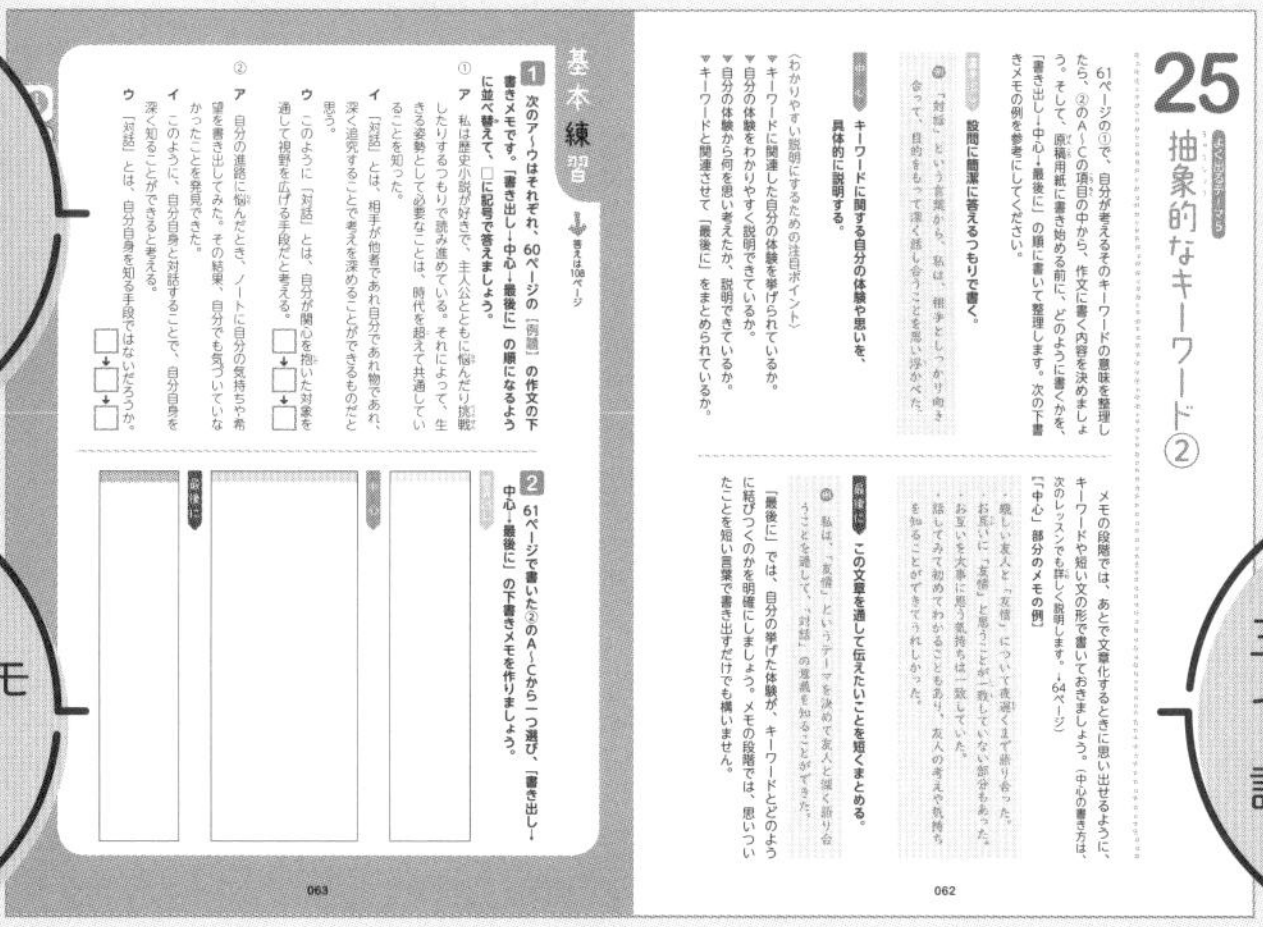

レッスン②

レッスン①で書き出した内容を元に、作文・小論文の下書きメモを作ります。

25 抽象的なキーワード②

基本練習

構成や書き方について、基本練習で確認します。

例題の下書きメモを作ります。

三つのブロックで書く内容を説明します。

レッスン③

レッスン②で書いた下書きメモを元に、解答を仕上げます。

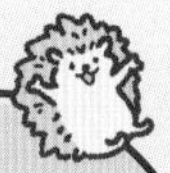

26 抽象的なキーワード③

基本練習

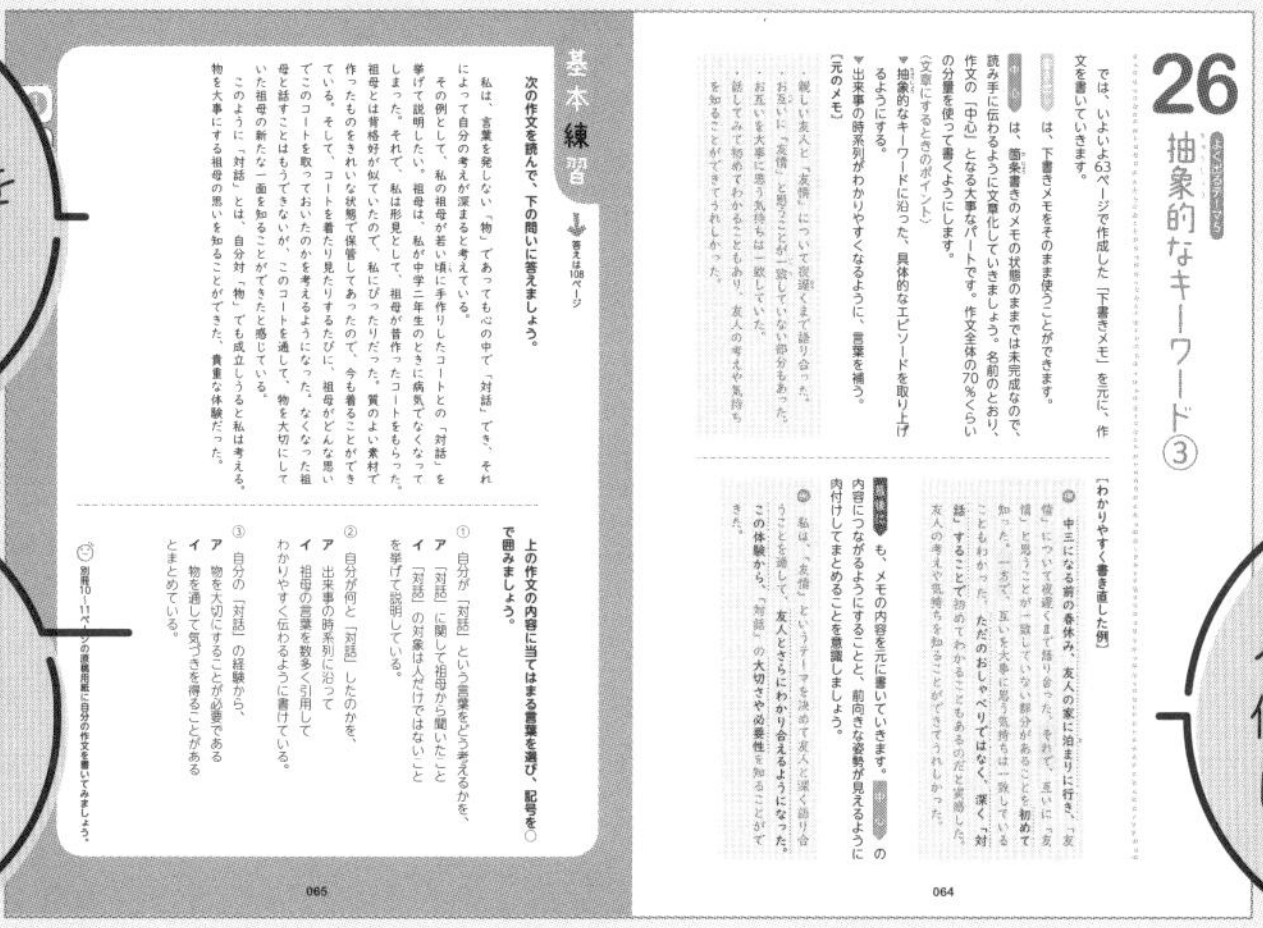

例題の解答例を読みます。

問題を解いて、書くときのポイントをおさらいします。

メモから文章を作るコツを解説します。

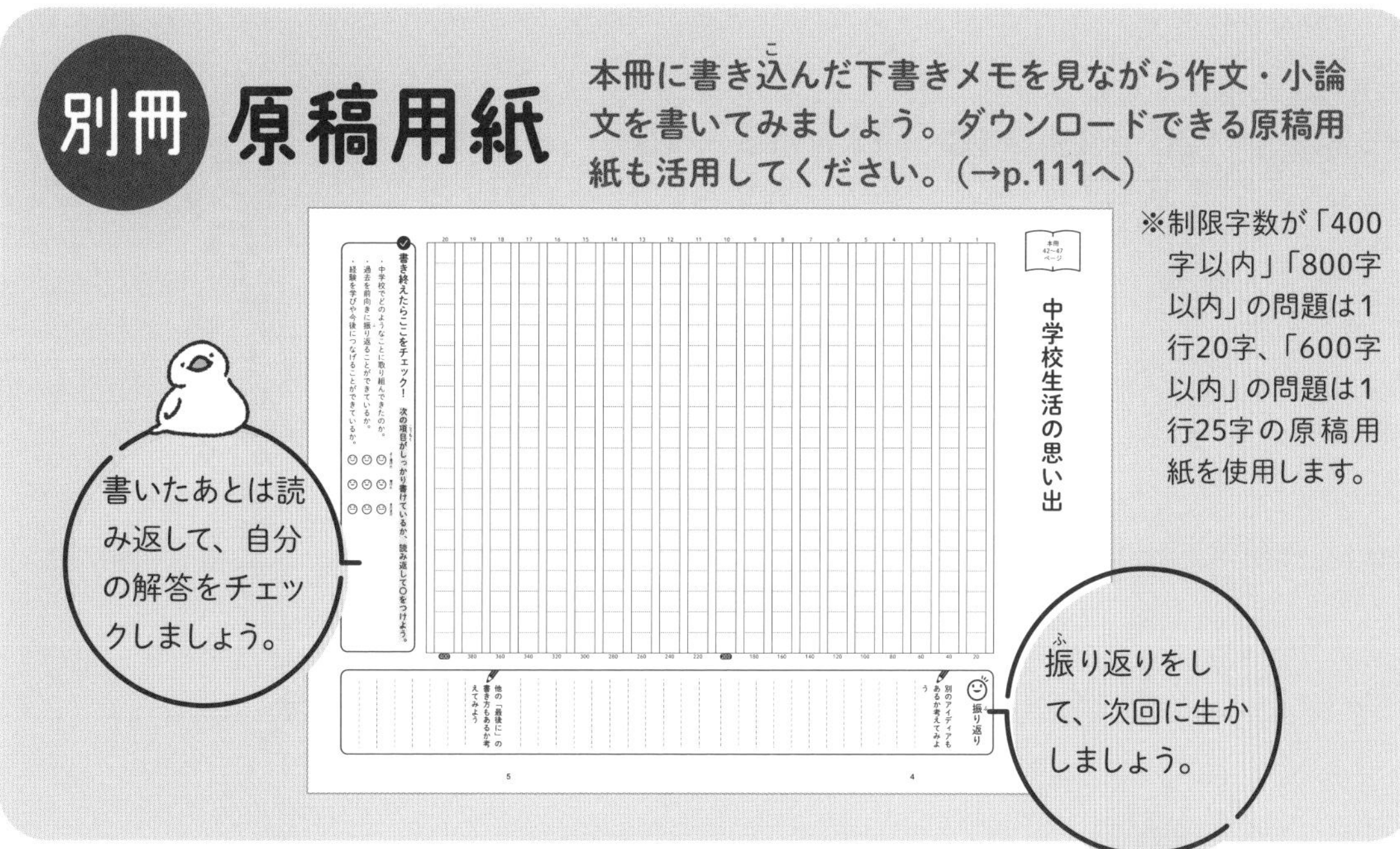

もくじ 高校入試 作文・小論文

学習予定日を決めて、書き込もう。

高校入試の作文・小論文って？

高校入試の作文・小論文 008

出題者は何を見ているか 008

どのようなテーマが出題されるか 009

どのような問題が出題されるか 010

1章 書き方の基本ルール

学習予定日

01 原稿用紙の使い方 012 ／

02 話し言葉を使わない 014 ／

03 主語・述語が対応した文を書く 016 ／

04 接続語の使い方に気をつける 018 ／

05 指示語の使い方に気をつける 020 ／

06 修飾語の使い方に気をつける 022 ／

07 一文を短くする 024 ／

08 間違えやすい言葉 026 ／

09 間違えやすい漢字・送り仮名 028 ／

10 説得力のある文章を書く 030 ／

11 三つのブロックでまとめる 032 ／

復習テスト 034 ／

2章 よく出るテーマ別書き方

学習予定日

12 高校生活への抱負① よく出るテーマ1 036 ／

13 高校生活への抱負② よく出るテーマ1 038 ／

14 高校生活への抱負③ よく出るテーマ1 040 ／

15 中学校生活の思い出① よく出るテーマ2 042 ／

16 中学校生活の思い出② よく出るテーマ2 044 ／

17 中学校生活の思い出③ よく出るテーマ2 046 ／

18 将来の夢① よく出るテーマ3 048 ／

19 将来の夢② よく出るテーマ3 050 ／

20 将来の夢③ よく出るテーマ3 052 ／

21 志望理由① よく出るテーマ4 054
22 志望理由② よく出るテーマ4 056
23 志望理由③ よく出るテーマ4 058
24 抽象的なキーワード① よく出るテーマ5 060
25 抽象的なキーワード② よく出るテーマ5 062
26 抽象的なキーワード③ よく出るテーマ5 064
27 国際化社会と異文化理解① よく出るテーマ6 066
28 国際化社会と異文化理解② よく出るテーマ6 068
29 国際化社会と異文化理解③ よく出るテーマ6 070
30 賛否を問われる問題① よく出るテーマ7 072
31 賛否を問われる問題② よく出るテーマ7 074
32 賛否を問われる問題③ よく出るテーマ7 076
33 グラフや資料のある問題（表・棒グラフ）① よく出るテーマ8 078
34 グラフや資料のある問題（表・棒グラフ）② よく出るテーマ8 080
35 グラフや資料のある問題（表・棒グラフ）③ よく出るテーマ8 082
36 グラフや資料のある問題（円グラフ・棒グラフ）① よく出るテーマ9 084
37 グラフや資料のある問題（円グラフ・棒グラフ）② よく出るテーマ9 086
38 グラフや資料のある問題（円グラフ・棒グラフ）③ よく出るテーマ9 088
39 課題文を読んで書く問題（六百字）① よく出るテーマ10 090
40 課題文を読んで書く問題（六百字）② よく出るテーマ10 092
41 課題文を読んで書く問題（六百字）③ よく出るテーマ10 094
42 課題文を読んで書く問題（八百字）① よく出るテーマ11 096
43 課題文を読んで書く問題（八百字）② よく出るテーマ11 098
44 課題文を読んで書く問題（八百字）③ よく出るテーマ11 100

103

解答用原稿用紙

2章で取り上げた11問の例題について、自分の解答を書いて練習できる原稿用紙を別冊に収録しています。さらに自由に使える原稿用紙も2題分収録しています。ダウンロードできる原稿用紙も用意しました。ぜひダウンロードのうえ印刷して、活用してください。

高校入試の作文・小論文

高校入試では、「作文」や「小論文」が出題されることがあります。近年、出題率は高まり、公立高校の入試でも作文・小論文が出題される割合は80％にも上ります。特に推薦入試では、作文や小論文を課されることが多くなっています。

作文は、小学校・中学校の授業で、遠足や修学旅行の感想、自分の夢、卒業にあたっての思いなど、何らかのテーマを出されて、折に触れて書いてきたと思います。これまでの作文では、テーマに関して自分の感じたことを書くことが求められてきました。

これに対して、高校入試で課される作文では、その文章を通して合否が判断されるため、相手（採点者）に伝わりやすい書き方をすることが求められます。したがって、**あなた自身の考えや体験をできるだけ論理的に書き記す**ことが合格の秘訣となります。

小論文については、今まで学校の授業などで習ったことがないという人もいると思いますが、心配はいりません。これからこの本で、作文や小論文の書き方のコツをくわしくお伝えしていきます。

では、高校入試の作文・小論文に対応するにはどのような能力を伸ばす必要があるでしょうか。それは、問いに対して、「**条件に沿って**」「**説得力のある**」文章で答える能力です。

そこで、この本では、高校入試でよく問われるテーマについて、出題者がその問いによってどんなところを見ているのか、どのように自分の考えを文章の形にすればよいのかを紹介していきます。

この本では主に、四百字～六百字の例題で練習をしていきますが、公立高校の一般入試では百字から二百字程度の作文問題が出題されます。指定字数が少ない作文でも、文章の書き方のルールや書くときの考え方は同じです。

プラスα　「作文」と「小論文」はどう違う？

作文と小論文の違いは何だろうと思う人もいるかもしれませんが、実は、作文と小論文という呼び方には、統一されたルールがあるわけではありません。試験を行う都道府県や学校が、個々にジャンルを設定しているだけです。そのため、実際には社会的なテーマについて書く問題でも、「作文」として出題されることもありえます。よって、文章を書くための練習をするときには、作文か小論文かを意識しすぎる必要はないのです。

出題者は何を見ているか

出題者は、あなたが書いた文章で、どのようなことを見ようとしていると思いますか。ポイントとなる点をいくつか紹介しましょう。

- **設問に的確に答えているか。**
- **説得力のある文章が書けているか。**
- **原稿用紙の使い方のルールを知っているか。**
- **正しく文字が書けているか。**

- **誤字脱字はないか。**
- **送り仮名を正しく書けているか。**
- **制限字数を満たしているか、オーバーしていないか。**
- **基本的な国語の力があるか。**

特に、公立高校の一般入試の作文・小論文は、**設問の条件**（**字数・行数・段落構成・内容**）が細かいので、これらをきちんと守っていることが大切です。公立高校の一般入試の作文・小論文は、都道府県ごとにはっきりと出題傾向があるので、自分の受験する都道府県の過去問数年分に目を通して練習するとよいでしょう。

どのようなテーマが出題されるか

高校入試の作文・小論文の出題は、「個人的なことについて書くもの」「社会的なことについて書くもの」に大きく分けられます。

1 個人的なことについて書く問題

本書でも「よく出るテーマ」として扱っている「高校生活への抱負」「中学校生活の思い出」「将来の夢」「志望理由」などの出題がこれに当たります。

例えば、「中学校生活の思い出」は、**あなたの人柄や考え方をよく知りたい**という意図で出題されています。また、「高校生活への抱負」「将来の夢」「志望理由」では、**今後どのように頑張っていきたいか**という姿勢を示せているかについてや、**高校生活で成長が見込めるか**について見られています。

さらに、抽象的なキーワードや、賛否を問うようなテーマが出された場合も、それに対して**あなたがどのように考え、それを論理的に説明できているか**が見られています。

2 社会的なテーマについて書く問題

例えば、環境問題や情報化社会、少子高齢化など、世の中で問題とされているテーマが出される傾向が強いため、ふだんから新聞やテレビのニュースなどで、時事問題についてはある程度の知識をもっておく必要があります。

社会的なテーマを扱った問題では、**社会の出来事への関心・知識があるかどうか**や、**論理的な文章構成ができているか**、**説得力のある形で述べられているか**が見られています。学校によっては「作文」と名前がついている場合もありますが、評価される基準が小論文と異なるわけではありません。

本書では2章「よく出るテーマ別書き方」の後半で扱っていますが、課題文やグラフ・図表などと共に出題されることが多いです。

では、次のページでは、実際にどのような問題が出題されたか、過去の問題から取り上げて紹介しましょう。

どのような問題が出題されるか

入試で出題される作文・小論文の問題は、大きく分けて三つのタイプに分けられます。

①1行テーマ型

一つのテーマについて、端的にひと言で提示され、それについて指定字数で書くもの。

②課題文型

特定のテーマを扱った評論や随筆などの課題文が提示される。課題文の要約をしたり、課題文に関連した条件を満たして自分の意見や経験などを書いたりするもの。

③グラフ・資料型

グラフや表を見て、読み取ったことをまとめたり、グラフや表に関連する自分の意見や対策などを書いたりするもの。

（※資料として写真やイラストが使われることもある。）

【①1行テーマ型の出題例】

・高校生活への抱負を四百字以内でまとめて書きなさい。

・あなたの中学校生活の思い出を、四百字以内で書きなさい。

・本校を志望した理由を、四百字以内で書きなさい。

・将来の夢について、本校を志望したことと結びつけて、六百字以内で書きなさい。

・次の「●●（抽象的な言葉）」について、そこから思い浮かべた自分の体験や考えを六百字以内で書きなさい。

※抽象的な言葉の例…「思いやり」「自主性」「出会い」「心の距離感」「助け合い」「対話」「信頼」「礼儀」「けじめ」など。

・次の意見について、賛成ですか、それとも反対ですか。賛成か反対かの立場を明らかにしたうえで、その理由を四百字以内で説明しなさい。

※意見の例…「オンラインで授業を受けたり仕事をしたりするほうが、自宅で済ますことができて効率的である」「苦手なことは切り捨てて、得意なことを伸ばすべきである」「悩んだときには、より多くの人に意見を求めるとよい」「一度決めたルールは必ず守るべきである」

【②課題文型の出題例】

課題文の掲載は割愛しますが、例えば二〇二三年の北海道では、藤田正勝氏の『哲学のヒント』の一部を読んだうえで、次のような問いを出しています。（一部抜粋）

> 本文で筆者が述べている「こと」と「もの」の関係を、自分自身の経験を例にして説明しなさい。ただし、文中にある『こと』と『もの』の二つの言葉を用いて書くこと。

③グラフ・資料型の出題例

二〇二三年の埼玉県の問題です。

次の資料は、内閣府が行ったインターネットの利用についての調査結果のうち、「インターネットを利用している」と答えた満十歳から満十七歳の回答をまとめたものです。

国語の授業で、この資料から読み取ったことを元に「インターネットの適切な利用」について、一人一人が自分の考えを文章にまとめることにしました。あとの（注意）に従って、あなたの考えを書きなさい。

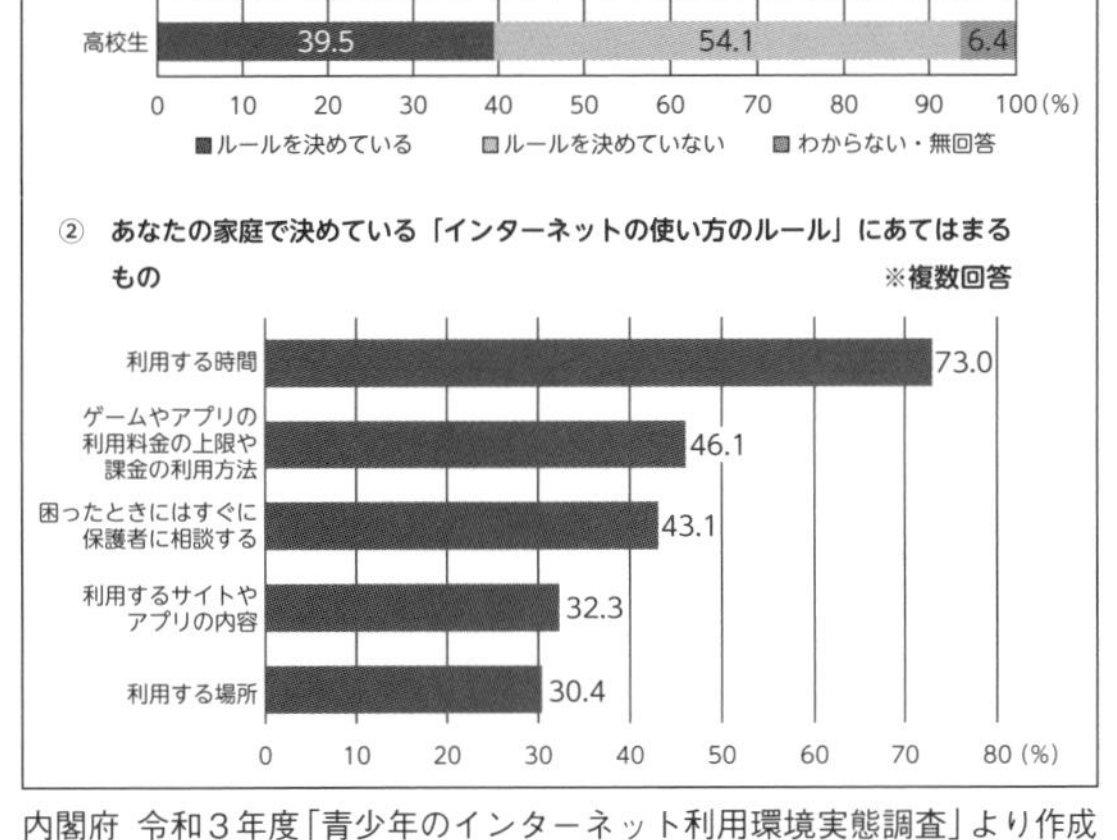

内閣府 令和３年度「青少年のインターネット利用環境実態調査」より作成

（注意）

(1) **二段落構成**とし、第一段落では、あなたが資料から読み取った内容を、第二段落では、第一段落の内容に関連させて、自分の体験（見たことや聞いたことなども含む）を踏まえてあなたの考えを書くこと。

(2) 文章は、十一行以上、十三行以内で書くこと。（※編集部注　一行15字）

(3) 原稿用紙の正しい使い方に従って、文字、仮名遣いも正確に書くこと。

(4) 題名・氏名は書かないで、一行目から本文を書くこと。

同じく二〇二三年の千葉県の問題です。

次の【資料】は、「日本と諸外国との文化交流を進めることの意義」について質問した結果（複数回答）の一部です。これに関して、あとの〈条件〉に従い、〈注意事項〉を守って、あなたの考えを書きなさい。

【資料】

「日本と諸外国との間の相互理解や信頼関係が深まり、国際関係の安定につながる」と回答した人の年齢別の割合

年齢別		
	20−29歳	22.6%
	30−39歳	23.8%
	40−49歳	24.3%
	50−59歳	24.6%
	60−69歳	31.9%
	70歳以上	41.1%

（文化庁「文化に関する世論調査　報告書（令和４年３月）より作成）

〈条件〉

① **二段落構成**とし、十行以内で書くこと。（※編集部注　一行20字）

② 前段では、**【資料】**から読み取ったことと、それに対するあなたの考えを書くこと。

③ 後段では、前段を踏まえて、あなたが今後諸外国との文化交流を行う機会があったら、具体的にどのような交流を行いたいかを、その理由とともに書くこと。

〈注意事項〉

① 氏名や題名は書かないこと。

② 原稿用紙の適切な使い方に従って書くこと。
ただし、〜や═などの記号を用いた訂正はしないこと。

「1行テーマ型」「課題文型」「グラフ・資料型」がそれぞれどんな問題か、なんとなくイメージできたでしょうか。本書の第2章では入試に頻出のテーマを厳選した11の例題を用意しましたので、自分の考えを書き込み、整理しながら取り組んでみましょう。

01 書き方の基本ルール
原稿用紙の使い方

高校入試で出題される作文や小論文は、原稿用紙に書くことがほとんどです。説得力のあるわかりやすい文章を書けているかどうかはもちろんのこと、正しく原稿用紙に書けているかどうかも、採点の対象になります。

基本的には、これまで小学校や中学校の国語の授業で習ってきた使い方がわかっていれば大丈夫です。

【主に注意すべききまり】

▼句点（。）と閉じかぎかっこ（」）が続いた場合、原則として同じマスに入れる。

▼句読点（。、）や閉じかぎかっこ（」）は行の頭には入れず、前の行の最後のマスに一緒に入れる。

▼数字は原則として、漢数字で書く（例「15」→「十五」）。年号などは「二〇二三」のように「〇」を使って書く。

▼アルファベットの略語は「EU」のように縦書きで書く。

▼資料中の数値などを算用数字で表記したり、「パーセント」「メートル」などの単位を「%」「m」の記号で表記したりしても構わない。ただし、同じ文章内で統一する。

答えは104ページ

1 **原稿（げんこう）用紙の使い方として、正しいほうを選び、記号で答えましょう。**

① 文章の書き出しや段落を変える場合は、行頭を【ア 1字　イ 2字】空けて書く。□

② アルファベットの略語を入れる場合、【ア 横書きのまま　イ 縦書きにして】書く。□

③ 閉じかぎかっこと句点は、【ア 同じマス目　イ 別々のマス目】に書く。□

④ 数や重さを表す単位を、所定の記号を使って書くように、文章全体で統一させるのは、【ア 不適切である　イ 適切である】。□

⑤ 表やグラフを使った問題などで、資料中の数値を表す場合、算用数字を使うことは、【ア 不適切である　イ 適切である】。□

2 **次の原稿用紙の書き方の間違（まち が）いに○をつけ、あとの原稿用紙に正しく書き直しましょう。（間違いはそれぞれ二箇所（かしょ）あります。）**

①

北海道の農産物日本一の中で、砂糖の原料と
なるてんさい糖は、二千二十年には生産量100
%と、完全なるトップを誇（ほこ）った。

←

②

「自然は厳しいが、水や食べ物がおいしくて
、広々しているところが何よりもよい。」
と、北海道に移住したAさんは話している。

←

書き方の基本ルール

02 話し言葉を使わない

作文や小論文のように、正式な文章を書く場合には、ふだんの会話で使っているような話し言葉を使わないということは、すでに知っているのではないでしょうか。

それでも、あまりにも日常生活になじみすぎて、話し言葉と意識せずに、うっかり使ってしまっていることもあるので、注意しましょう。

ここでは、主なものをご紹介(しょうかい)します。

【注意すべき話し言葉の例〈詳(くわ)しくする言葉編〉】

話し言葉	書き言葉
あと	**また**
いつも	**常に**
いろんな	**いろいろな**
絶対に	**必ず**
だいたい	**約・およそ**
ちゃんと	**きちんと**
ちょっと	**少し・多少**
とっても・すごく	**非常に・たいへん**
どんどん	**急速に・ますます**
もっと	**より**
～みたい	**～（の）ようだ**
やっぱ・やっぱり	**やはり**

【注意すべき話し言葉の例〈文中・文末の言葉編〉】

話し言葉	書き言葉
～してて	**～しており**
～しちゃった	**～してしまった**
～しといた	**～しておいた**
～じゃない	**～ではない**

話し言葉と意識しないで使っているものに注意だね。

基本練習

答えは104ページ

1 次の――線部を、指定の字数に合う書き言葉に直して書きましょう。

① 夕方の六時を過ぎると、観光客のだいたい半数は街から姿を消してしまう。〈3字〉

② 先日訪れた洋食店があまりにもおいしかったから、いろいろな人に紹介(しょうかい)した。〈2字〉

③ ここまでいろんな国の観光客がこの街を訪(おとず)れたのは、初めてのことである。〈5字〉

④ 私が主張したいのは、観光客をいかに増やすかということじゃなく、いかに一人一人に満足してもらうかが大切だということだ。〈4字〉

2 次の話し言葉を含(ふく)んだ文章を、書き言葉に改めて、全文を書き直しましょう。（話し言葉は右ページの表から探しましょう。）

① 友人と話してて気づいたことは、意見の相違(そうい)などで気まずくなっちゃった場合には、逃(に)げずにちゃんと向き合うことの大切さだ。

② 他者ともっと親しくなるには、対話の時間を増やすことが効果的だ。とはいえ、何でも話しちゃえばよいというわけじゃなく、互(たが)いに思いやりをもつことが大前提だ。

03 書き方の基本ルール
主語・述語が対応した文を書く

文章を書く際は、一文をなるべく短く書く意識をもちましょう。一文が長くなるにつれて、主語と述語がねじれた文（主語と述語が適切に対応していない文）になってしまう可能性が高まるためです。一文を80字程度に収めることを目安にして、長くても100字を超えないよう注意してください。

【主語・述語のねじれた文】

× 私の特技は、誰とでもすぐに親しくなることが得意だ。
→主語「特技は」と述語「得意だ」が正しく対応していない。

○ 私は、誰とでもすぐに親しくなるのが得意だ。
→主語「私は」と述語「得意だ」が対応している。

○ 私の特技は、誰とでもすぐに親しくなることだ。
→主部「私の特技は」と述部「親しくなることだ」が対応している。

「誰（何）が─どうする」「誰（何）が─どんなだ」「誰（何）が─なんだ」「誰（何）が─ある・いる」という基本の文の形を意識し、主語・述語がねじれた文にならないよう、注意しましょう。

一文に二つ以上の主・述の関係がある場合（重文か複文）には、主語・述語のねじれが生じやすくなるため、注意が必要です。

▼対等な「主・述の関係をもつ部分」が複数ある文（重文）

× 文章を書くのが得意な友人が文章を担当し、私の担当は絵を描いた。→後半の「私の担当は─描いた」は、主・述がねじれている。

○ 文章を書くのが得意な友人が文章を担当し、私が絵を描くことを担当した。
→前半の「友人が─担当し」、後半の「私が─担当した」も、主・述が正しく入っている。

▼対等ではない「主・述の関係をもつ部分」が複数ある文（複文）

× 私は、貴校が掲げている教育目標は、全世代に共通する非常に重要なことだ。→「私は─重要なことだ」は対応していない。

○ 私は、貴校が掲げている教育目標は、全世代に共通する非常に重要なことだと考える。→「私は─考える」と対応している。

基本練習

答えは104ページ

1 **主語と述語が正しく対応しているほうを選び、記号で答えましょう。**

①
ア 私は、反省の先に挑戦(ちょうせん)が必要だと実感したことだ。
イ 私は、反省の先に挑戦が必要だと実感した。
□

②
ア 私の目標は、まずは英検2級に合格したい。
イ 私の目標は、まずは英検2級に合格することだ。
□

③
ア 私が教員を目指すきっかけになったのは、教員の叔(お)父(じ)から体験談を聞いたことだ。
イ 私が教員を目指すきっかけになったのは、教員の叔父から体験談を聞いたことがきっかけだった。
□

④
ア 私は、人の心身は食べ物からできているため、適切な食育を受けることが必要だ。
イ 私は、人の心身は食べ物からできているため、適切な食育を受けることが必要だと考えている。
□

2 **次の文を、主語・述語が適切に対応した文になるように書き直しましょう。**

① 部長が全体に指示を出し、副部長の私の役目は、部員たちの様子を見守ることだ。

② 私が毎日の練習を欠かさないのは、継続(けいぞく)こそが実力につながると考えている。

書き方の基本ルール

04 接続語の使い方に気をつける

接続語を適切に使うと、わかりやすい文章になります。一方で、接続語を使いすぎると、読みづらい文章になってしまいます。接続語の役割を理解し、適切に使いこなすようにしましょう。

【作文・小論文で使える接続語】

種類	主な接続語
順接	そこで・すると・したがって・よって・それで・ゆえに・このため・そういうわけで
逆接	しかし・だが・ところが・しかるに・その反面・にもかかわらず
並立・累加	また・しかも・なお・および・さらに・それに・それと同時に・それに加えて
対比・選択	または・あるいは・それとも・もしくは・その一方で・どちらかといえば
説明・補足	つまり・なぜなら・すなわち・もっとも・ただし・例えば・要するに・なぜかというと
転換	さて・ところで・では・時に・次に・話は変わるが

接続語が入っていない例と、適切に入れた例を見てみましょう。

× 私は毎朝一時間早く起きることにした。少しでも早く上達したかったからだ。一人で自主練習をするようになった。

○ 私は毎朝一時間早く起きることにした。なぜなら、少しでも早く上達したかったからだ。それで、一人で自主練習をするようになった。

接続語が多すぎる例と、適切に入れた例を見てみましょう。

× 私の自主練習は、まずはストレッチから始まる。次に、昨日の練習状況を見直し、それから、改善点を見つけ出す。そして、今日行うべきメニューを考えて、練習に取り掛かる。

○ 私の自主練習は、ストレッチから始まる。そして、昨日の練習状況を見直し、改善点を見つけ出す。その後、今日行うべきメニューを考えて、練習に取り掛かる。

基本練習

答えは104ページ

1 次の文の□に当てはまる接続語を、あとの[ ]から選んで（　）に書きましょう。

① 強化訓練は順調に進んでいた。□、来月末に隣（となり）の学校に練習試合を申し込（こ）むことにした。

（　　　）

② 強化訓練は順調に進んでいた。□、一人の部員の思いがけない言葉から、問題点に気づくことになった。

（　　　）

③ 強化訓練は順調に進んでいた。□、昨年優勝を果たした卒業生たちが、指導に来てくれることになった。

（　　　）

④ 強化訓練は順調に進んでいた。□、部員一人一人が目標を見失わずに、こつこつと練習に励（はげ）んだからだ。

（　　　）

[なぜなら　ところが　それに加えて　そこで]

2 次の文章に適切な接続語を入れて、読みやすい文章に書き直しましょう。

① 私は、英語への苦手意識をなくそうと決意した。毎日、英単語を五つずつ覚えるようにした。単語帳を一冊覚えたら、薄（うす）い問題集を買ってきて、一ページずつやることにした。

② この街には、たくさんの観光スポットがある。古い建造物が残っている大通りや、歴史ある神社仏閣（ぶっかく）だ。街のあちこちに点在する味のある飲食店も、多くの人を引きつけている。

05 書き方の基本ルール 指示語の使い方に気をつける

指示語を適切に使うことで、読みやすい文章になります。指示語が多すぎても少なすぎても、わかりづらい文章になってしまう恐れがあるため、バランスを見ながら使うようにしましょう。

また、文章中に指示語を入れる場合には、話し言葉ではなく書き言葉を使うようにしましょう。

【話し言葉の指示語と書き言葉の指示語の例】

×話し言葉…こっち・そっち・あっち・どっち
○書き言葉…こちら・そちら・あちら・どちら

×話し言葉…こんなに・そんなに・あんなに・どんなに
○書き言葉…これほど・それほど・あれほど・どれほど

では、指示語を使いすぎている文例や、曖昧な指示語を使っている文例を見ていきましょう。

▼指示語を使いすぎた文例

× 苦手な教科を克服するために、薄い問題集を解くことにした。**それ**が定着してきたら、**その後**、テスト形式の問題集で実力を確かめた。**それで**大丈夫だとわかったら、**その次**のステップに入る。→**指示語がなくても通じるところまで入れている。**

○ 苦手な教科を克服するために薄い問題集を解くことにし、定着してきたら、テスト形式の問題集で実力を確かめた。**その結果**、大丈夫だとわかったら、次のステップに入る。

▼曖昧な指示語を使った文例

× 私は中学時代に、生徒会で髪型に関する校則の見直しに取り組みました。**それ**が本当に必要だと考えるか、全校生徒にアンケートを取りました。

→**「校則」が必要か、「校則の見直し」が必要かが曖昧。**

○ 私は中学時代に、生徒会で髪型に関する校則の見直しに取り組みました。髪型に関する校則が本当に必要だと考えるか、全校生徒に意見を求めてアンケートを取りました。

→**「校則」が必要かどうかアンケートを取ったとわかる。**

基本練習

答えは104ページ

1 次の文の□に当てはまる指示語を、あとの[ ]から選んで〔　〕に書きましょう。（同じ指示語は一度しか使えません。）

① 私の宝物は、古い腕時計だ。□は、祖父が若い頃に使っていたものだ。〔　　〕

② 私の父方の祖父は、物を大切にする人だ。□祖父が、長年大切に使ってきた時計を、あるとき私に譲ると言い出した。〔　　〕

③ 古い時計とはいっても、有名なブランド品だ。□高価なものをなぜ中学生の私にくれるのかと尋ねたところ、その理由を教えてくれた。〔　　〕

④ 今の世の中は、すっかり使い捨て社会になり果ててしまったので、祖父は、□したら物の大切さが伝わるのか、考えたそうだ。〔　　〕

これ　あれ　そんな　こんな
そのように　どのように

2 〈　〉内の指示に従って、次の文の――線部を適切な書き方に改めましょう。

① 私が好きな言葉は「ありがとう」と「ごめんなさい」だ。「ありがとう」と「ごめんなさい」さえ適切に伝えることができれば、どんな人とどんなときも円滑な関係を築けると考えている。

〈指示語を使ってまとめて書き換える〉

〔　　〕

② 私は、中学時代の生徒会活動を通して、多くの人の納得がいくように意見を取りまとめることの難しさを痛感した。このことをうまく実現させるためには、客観的にメリット・デメリットを整理して話し合うことが必要ではないかと考えている。

〈「このこと」が「多くの人の納得がいくように意見を取りまとめること」だとわかるように、指示語を使わず短めに言い換える〉

〔　　〕

06 修飾語の使い方に気をつける

書き方の基本ルール

一文が長くなると、文節どうしの関係がとらえにくくなり、わかりにくい文になってしまうことがあります。特に、文中の修飾・被修飾の係り受けには注意が必要です。

▼修飾語の位置を入れ替える

× 私は感動しながら熱心にメモを取る友人を見た。

→「感動しながら」が「私」のことなのか友人のことなのかはっきりしない。

○ 私は熱心にメモを取る友人を感動しながら見た。

→感動しているのが「私」の場合、「見た」という述語に近づける。

○ 感動しながら熱心にメモを取る友人を私は見た。

→感動しているのが友人の場合、「私は・見た」という主語・述語は後半にまとめる。

修飾語がどこに係るのかわかりづらい場合には、できるだけ被修飾語の近くに入れることで、文意が伝わりやすくなります。

「修飾語」は説明する言葉、「被修飾語」は説明される言葉だよ。

また、次のように「、(読点)」を適切に入れることによっても、文節の係り受けをはっきりさせることができます。

▼読点を適切に入れる

× 祖母も喜んで遠くから駆け寄る愛犬の元に向かった。

→「喜んで」が祖母のことなのか愛犬のことなのかはっきりしない。

○ 祖母も喜んで、遠くから駆け寄る愛犬の元に向かった。

→喜んでいるのが祖母の場合、「喜んで」のあとに読点を入れる。

○ 祖母も、喜んで遠くから駆け寄る愛犬の元に向かった。

→喜んでいるのが愛犬の場合、「祖母も」のあとに読点を入れる。

ただし、一文が長すぎると、修飾語・被修飾語の位置を近づけたり、読点を入れたりしても、読みづらくなってしまいます。その場合は、文を二つに分けるなど、別の工夫をするようにしましょう。

基本練習

答えは105ページ

1 修飾語・被修飾語の関係がわかりやすいほうを選び、記号で答えましょう。

①
ア 新しい駅の木製のベンチは多くの人に喜ばれた。
イ 駅の新しい木製のベンチは、多くの人に喜ばれた。
□

②
ア 張り切って練習に励む選手たちに、私はスポーツドリンクを差し入れた。
イ 私は張り切って練習に励む選手たちにスポーツドリンクを差し入れた。
□

③
ア 観光客は笑顔で手を振って見送る旅館の従業員たちにお辞儀した。
イ 観光客は、手を振って見送る旅館の従業員たちに、笑顔でお辞儀した。
□

④
ア 私が興味を抱いたのは、かつての貴校の卒業生から聞いた旧校舎の様子だった。
イ 私が興味を抱いたのは、貴校の卒業生から聞いたかつての旧校舎の様子だった。
□

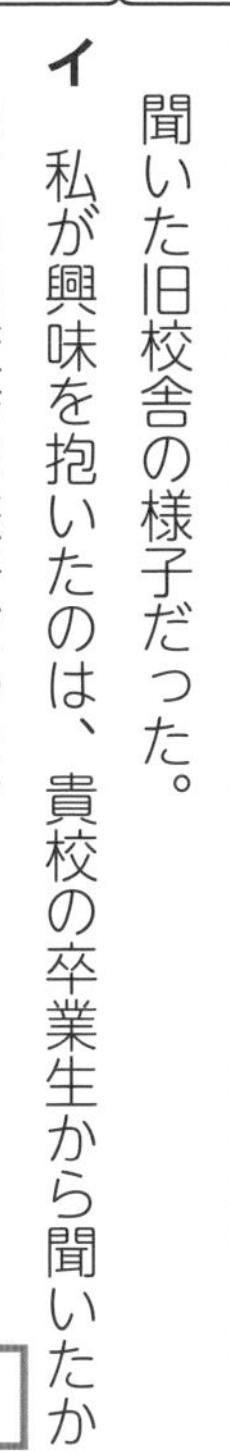

2 〈　〉内の指示に従って、次の文を修飾語・被修飾語がわかりやすくなるように書き直しましょう。

① 私は緊張しながら本番に臨む妹を見守った。
〈緊張しているのが「私」だとわかるように読点を入れる〉

② 早めに参加者が多い人気のオープンキャンパスに応募した。
〈「早めに」が修飾する語の近くに移動させる〉

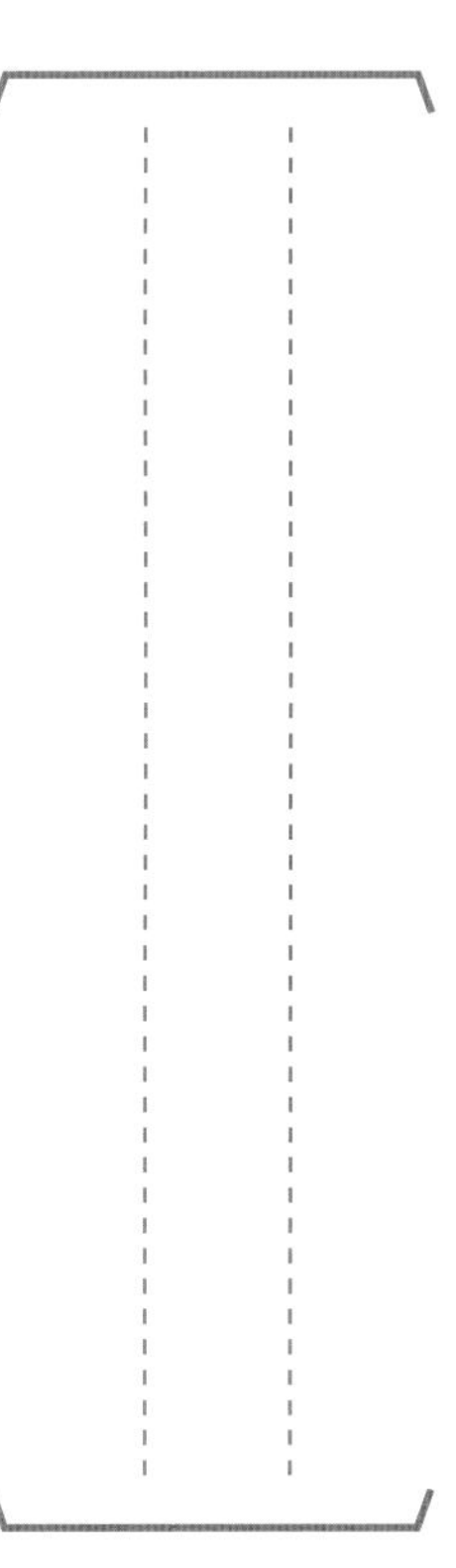

07 一文を短くする

書き方の基本ルール

誰が読んでもわかりやすい文章にするには、長すぎる文を避けることが必要です。一文が長すぎると、主語と述語のねじれ（→16ページ）が起こりやすくなったり、修飾語の係り受け（→22ページ）が不自然になったりする危険性も高まります。

▼あまりにも長すぎる一文の例

× 保育士になりたいという自分の夢をかなえるために、私はまず保育科のある高校を受験することにし、高校時代から保育の知識や保育の技術について学び、さらに夏休みなどを利用して、できれば保育園での職場体験をするなどして経験を積むようにし、その経験を生かして推薦入試で保育科のある大学に進学し、卒業と同時に保育士の資格を取得し、保育園に就職したいと考えている。

この例文では、高校進学後、大学進学後、卒業後のことが7行にわたって一文で書かれています。ここまで極端な長文にならないまでも、あれこれ考えながら書いているうちに、気づいたら文が長くなってしまっていたということはよくあります。

では、上の例文を、適切な長さに区切って書き直した例を見てみましょう。接続語やその他の言葉を補って、五つの文に分けています。

▼適切な長さに区切った文章の例

○ 保育士になりたいという自分の夢をかなえるために、私はまず保育科のある高校を受験することに**している。それで、無事に入学を果たしたら、**高校時代から保育の知識や保育の技術について学び**たい。**さらに夏休みなどを利用して、できれば保育園での職場体験をするなどして経験を積むように**したい。高校卒業後は、**その経験を生かして推薦入試で保育科のある大学に進学**することを希望している。そして、**卒業と同時に保育士の資格を取得し、保育園に就職したいと考えている。

一文は80字以内に収めるのを目安にしよう。

基本練習

答えは105ページ

1 一文の長さが適切で読みやすいほうを選び、記号で答えましょう。

① **ア** 私が中学時代に最も印象に残ったのは、テニス部の夏の地区大会の前に足を複雑骨折してしまい、入院して手術を受け、夏休み中入院することになってしまったことだ。

イ 私が中学時代に最も印象に残ったのは、テニス部の夏の地区大会の前に足を複雑骨折してしまったことだ。運悪く、入院して手術を受け、夏休み中入院する必要があった。

□

② **ア** 友人との付き合いで私が気をつけていることは、次の二点だ。一つは、相手の話をよく聞くことだ。もう一つは、自分のことも相手にきちんと伝えることだ。

イ 友人との付き合いで私が気をつけていることは、二つあり、まず一つ目は相手の話をよく聞くことで、二つ目は、自分のことも相手にきちんと伝えることだ。

□

2 次の長すぎる一文を、接続語やその他の言葉を補って、適切な長さの文章に書き直しましょう。

① 夏の地区大会では優勝を狙(ねら)っていたため、不注意で骨折してしまったことに後悔(こうかい)の念が強く、私の代わりに出場することになった友人とは顔を合わせたくないとすら思ってしまった。

[　　　　]

② 私は、人には大きく分けて二つのタイプがあると感じていて、聞き上手な人と話し上手な人の二つだと思っており、自分の話を聞いてほしいという人のほうが多い気がしている。

[　　　　]

書き方の基本ルール

08 間違えやすい言葉

日本語には、音読みが同じで意味が異なる同音異義語がたくさんあります。急いでいるときなど、つい間違えてしまいがちです。いくら文章の内容がよくても、表記に間違いがあると減点の対象になるので、注意が必要です。例文とともに覚え、適切に使い分けできるようにしておきましょう。

【間違えやすい同音異義語】

以外	例 兄以外の家族は、旅行に賛成だった。
意外	例 しぶしぶ旅行に行った兄も、意外に楽しんでいた。
必死	例 志望校の試験前に必死で勉強した。
必至	例 あれだけ勉強したのだから合格は必至だ。
見当	例 だいたいこうだろうと見当をつける。
検討	例 十分に検討した結果、結論を出す。
健闘	例 全国大会に出場し、5位と健闘した。
保障	例 国家は、国民の安全を保障するべきだ。
保証	例 身元を保証する書類を提出する。
補償	例 相手に与えた損失を補償する。

訓読みが同じで意味が異なる同訓異字も数が多いので、正しい使い方を覚えておきましょう。

【間違えやすい同訓異字】

伸ばす	例 背筋をぴんと伸ばす。
延ばす	例 決定を来月まで延ばす。
超える	例 常識を超えるような出来事が起こる。
越える	例 高い山を越えるための準備を行う。
努める	例 問題の解決に努める。
務める	例 学級会で司会を務める。
勤める	例 父は市役所に勤める公務員だ。
犯す	例 事件の加害者が、犯した罪を悔いる。
侵す	例 他国の領土は侵してはならない。
冒す	例 冒険家が危険を冒して過酷な旅に出る。
収める	例 海外に進出して大きな成功を収める。
治める	例 暴動を穏便に治める。
修める	例 大学で学業を修める。
納める	例 注文された品を取引先に納める。

基本練習

答えは105ページ

1 次の文に合うほうの同音異義語か同訓異字を選び、記号で答えましょう。

① 商品が製造される{ア 過程(かてい) イ 課程(かてい)}を見学する。 □

② 委員会で決定されたことに{ア 異義(いぎ) イ 異議(いぎ)}を唱える。 □

③ 建設は、{ア 規定(きてい) イ 既定(きてい)}の計画どおりに進められる。 □

④ 異国の美しい街並みに胸が{ア 踊る(おどる) イ 躍る(おどる)}。 □

⑤ 画像が{ア 荒い(あらい) イ 粗い(あらい)}ので見えづらい。 □

⑥ 海外旅行のため、円をドルに{ア 換える(かえる) イ 変える(かえる)}。 □

2 次の文には、表記が間違(まちが)っている漢字や熟語があります。それぞれ三つずつ探して○で囲み、〔　〕に正しく書き直しましょう。

① 異動手段(いどうしゅだん)はバスよりも電車(でんしゃ)にしたほうが、待(ま)ち合(あ)わせ時刻(じこく)に送(おく)れない確立(かくりつ)は高(たか)まるだろう。

〔　　〕〔　　〕〔　　〕

② 工場(こうじょう)での事故(じこ)を妨止(ぼうし)するには、担当者(たんとうしゃ)の責任(せきにん)を追究(ついきゅう)する以前(いぜん)に、個々(ここ)のスタッフが商品(しょうひん)を治(おさ)めるまで注意(ちゅうい)を怠(おこた)らないことだ。

〔　　〕〔　　〕〔　　〕

③ その作家(さっか)は若干(じゃっかん)二十歳(はたち)にして数多(かずおお)くの文学賞(ぶんがくしょう)を授賞(じゅしょう)し、八十代(はちじゅうだい)に差(さ)し掛(か)かった現在(げんざい)でも精力的(せいりょくてき)に執筆活動(しっぴつかつどう)を続(つづ)けている。それは脅威的(きょういてき)な偉業(いぎょう)であるといえる。

〔　　〕〔　　〕〔　　〕

09 間違えやすい漢字・送り仮名

書き方の基本ルール

漢字の一部を間違えて書いてしまうことがあります。作文・小論文でよく使う言葉を集めたので、まとめて覚えておきましょう。

▼書き間違えやすい漢字の例

感	「一」と「口」の上下が反対になっていないか
域	「口」と「一」の上下が反対になっていないか
御	「⿱𠂉止」を正しく書けているか・「卩」を「阝」にしていないか
督	「上」が「止」に、「目」が「日」になっていないか
準	「氵」が「冫」になっていないか
獲	「艹」が「犭」の上にもかかっていないか
歳	「⿱一小」が「示」になっていないか
戚	「上」が「止」、「小」が「少」になっていないか
募	「力」が「刀」になっていないか
難	「𦰩」が「堇」になっていないか
距・拒	「巨」が「臣」になっていないか
達	「羊」の部分の横棒が二本になっていないか
看	「龵」を正しく書けているか
専	右上に点を付けていないか

ほかにも、形や意味の似た別の漢字を書いてしまう例や、同じ読み方の別の漢字を書いてしまう例があります。

▼間違えやすい言葉の表記の例

×	○
一諸	一緒
徐外	除外
案の上	案の定
成積	成績
親不幸	親不孝
捨う	拾う
畜積	蓄積
典形的	典型的
堀る	掘る
前堤	前提
不可决	不可欠

送り仮名の間違いが多いのも減点の対象になるので、しっかり覚えておきましょう。

▼間違えやすい送り仮名の例

×	○
断わる	断る
率る	率いる
快よい	快い
預る	預かる
養なう	養う
従がう	従う

基本練習

答えは105ページ

1 **次のうち、表記が正しいほうを選び、記号で答えましょう。**

① 秋になり、稲が{ア 収獲　イ 収穫}の時期を迎えた。　□

② 企業が新商品の有効な{ア 宣伝　イ 宜伝}方法を検討する。　□

③ 面接官に自分の考えを{ア 卒直　イ 率直}に伝える。　□

④ 第一志望の高校の合格がわかり、{ア 有頂点　イ 有頂天}になる。　□

⑤ 祖母からもらった腕時計が見当たらず、{ア 因る　イ 困る}。　□

---

2 **次の文には、書き間違えている漢字があります。それぞれ二つずつ探して○で囲み、〔　〕に正しく書き直しましょう。**

① 祖母は、湡期になった定期預金を解約し、そのお金で海外旅行に行くそうだ。
〔　　〕〔　　〕

② 父が展覧会の入場券を前売りで購入してくれ、週末に見に行くことになった。
〔　　〕〔　　〕

3 **次の文の——線部の平仮名の言葉を、漢字と送り仮名で正しく書きましょう。**

① 目上の人を<u>うやまう</u>言葉遣いを心がける。〔　　〕

② 自分の不注意で、思わぬ<u>わざわい</u>を招くことになってしまった。〔　　〕

③ 社員が一丸となることによって、<u>いちじるしい</u>成果を生み出した。〔　　〕

書き方の基本ルール

10 説得力のある文章を書く

作文・小論文を書くときには、自分の感じたことをただ書くのではなく、読み手を意識した説得力のある文章を書くように心がけることが大切です。主観的な表現では、あくまで自分自身のとらえ方にとどまってしまいます。より多くの人に納得してもらうためには、次の二つのコツをおさえて、わかりやすく伝えるようにしましょう。

▼説得力のある文章にするコツ① 理由を加える

× 私は貴校にとても魅力を感じている。そのため、ぜひとも入学したいと強く願っている。

→どんな魅力を感じたのかを、具体的に書いていない。

○ 私は、貴校に入学を希望している。それには二つ理由がある。一つ目は地域活動に力を入れていること、二つ目は地元の企業への職場体験が充実していることだ。

→最初に、主観的な表現を入れずに入学希望だという事実を伝えたあと、理由を具体的に説明している。

複数の理由がある場合は、
「まず・次に」も使えるよ。

▼説得力のある文章にするコツ② 具体例を示す

× 私は、高校入学後には部活動に力を入れたいと強く思っている。中学時代にはあまり部活動に打ち込めず、後悔の念が残っているからだ。そこで、高校では部活動にいそしみ、充実した高校生活を送りたい。

→中学時代の後悔の気持ちが書かれているだけで、どの部活に入りたいのかも、部活動にどのように力を入れたいのかも伝わらない。

○ 私は、高校入学後には部活動に力を入れたい。貴校には、中学校にはなかった演劇部があるので、入部を希望している。私が興味を抱いているのは、演技ではなく、舞台構成を考えたり脚本を練ったりすることだ。まずは、先輩方の舞台を見たり、指導されたことをこなしたりして、経験を積んでいきたい。

→何部に入り、どのようなことをしたいのか、どのようなことをするつもりなのかを具体的に説明している。

下書きを終えたら、主観的な文章になっていないか、確認するようにしましょう。

基本練習

答えは105ページ

1 説得力のある内容になっているほうを選び、記号で答えましょう。

①

ア 私は、高校生のうちはアルバイト禁止という考えは間違(まちが)っていると思う。私にはやりたいアルバイトがあるので、アルバイトを認めている高校に入るつもりだ。

イ 私は、高校生のうちはアルバイト禁止という考えには反対だ。なぜなら、社会人に混じって働く経験や、自分でお金を得る経験は、得難(えがた)いものだと思うからだ。

□

②

ア 私は、将来、自然エネルギーの開発に携(たずさ)わる職業に就(つ)くことを目指している。中学時代の調べ学習で、自然エネルギーの実現率は意外に低いのだと知ったことがきっかけだ。

イ 私は、将来、自然エネルギーの開発に携わる職業に就くことこそが自分の使命だと考えている。なぜなら、自然エネルギーにはクリーンなイメージがあり、逆に従来の発電方法にはデメリットしかないからだ。

□

2 〈　〉内の指示に従って、次の内容に説得力をもたせて書いてみましょう。(○○に入る内容は、自分自身の体験や考えに基(もと)づいて書いてください。)

① 私の趣味(しゅみ)は、○○だ。

〈なぜそれを趣味とするようになったかのきっかけを入れる〉

② 私は、部活よりも勉強優先だという考えに、○○だ。

〈○○には賛成か反対かを入れ、その理由をあとに続ける〉

11 三つのブロックでまとめる

書き方の基本ルール

文章をわかりやすく書くためには、いくつかの型がありますが、この本では、三つのブロックに分けてまとめる次のような書き方をご紹介(しょうかい)します。

四百字以上のある程度の長さの文章から、八百字程度の長い文章まで、この分け方でほぼ対応させることができます。

【三つのブロックの内容と配分】

- 書き出し　**設問に簡潔に答えるつもりで書く。**……全体の10～15％くらいの分量
- 中心　**その経験・出来事を具体的に説明する。**……全体の70％くらいの分量
- 最後に　**この文章を通して伝えたいことを短くまとめる。**……全体の10～15％くらいの分量

基本的にはそれぞれ1段落ずつ、計3段落に分けて書くようにします。文章が長い場合（八百字など）には、「中心」の部分を二つの段落に分けるようにしましょう。

各ブロックごとの注意点は、次のとおりです。

【三つのブロックそれぞれで注意すること】

書き出し

- これからどのようなことを書こうとしているのかを、端的(たんてき)にまとめるようなつもりで書く。
- 課題文や図表のある問題では、読み取ったことをこのブロックでまとめる。（その場合は、このブロックの量を増やす。）

中心

- 「書き出し」で書いた内容を、詳(くわ)しく説明する。
- 課題文や図表のある問題では、「中心」の部分で自分の考えや具体例などを書くようにする。

最後に

- 「中心」の内容につながるように書く。
- 前向きな姿勢が見えるように肉付けしてまとめる。

このあとのパートで、テーマごとのブロックの使い方を紹介するよ。

基本練習

答えは106ページ

1 次は三つのブロックについての説明です。どの説明がどのブロックに当てはまりますか。それぞれ選び、記号で答えましょう。

① これまでの内容を受けて、この文章を通して言いたいことを端的にまとめて書く。 □

② 設問に簡潔に答えるようなつもりで、これから書こうとしていることを端的にまとめて書く。 □

③ 書き出しで書いた内容について、経験や出来事がわかるように、具体的に詳しく書く。 □

ア 書き出し　**イ** 中心　**ウ** 最後に

2 次の三つの文章が、「書き出し→中心→最後に」の順になるように並べ替えて、□に記号で答えましょう。

①

ア 私は、両親と弟、母方の祖母の、計五人で暮らしている。父と私は無口でインドア派、母と祖母と弟は社交的で出かけるのが好きなタイプだ。全員に共通するのは、気が短いことだが、意見がぶつかったとしても数時間も経てば忘れてしまう。

イ これから、私の家族構成と、それぞれの性格や特徴について紹介していく。

ウ このように、似た者家族で衝突することもたびたびあるが、いざというときには互いを思いやり、協力し合って生活している、よい家族だと思う。

□→□→□

②

ア このように、人と人はどこで出会うかわからないものだと感じている。偶然親しくなった細野さんとの縁を、これからも大切にしていきたい。

イ クラスは違ったが、塾が一緒になったことで知り合った。その後、兄どうしも同じ学年だったり、猫を飼っていたりと、共通項が多いことがわかり、すっかり親しくなった。母親どうしも気が合うので、今では家族ぐるみの付き合いだ。

ウ 私の一番の親友は、小学校・中学校と一度も同じクラスになったことがない細野さんだ。

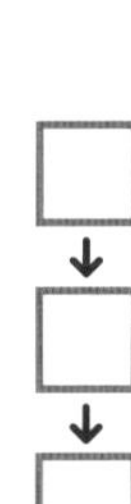

復習テスト

答えは106ページ

1 次の文章の――線部❶～❺、［❻］には、書き方が適切でない箇所や不足している箇所があります。それぞれの指示に従って書き直しましょう。

私は、中学生が習い事をしている割合について知りたいと思い、調べることにした。❶調査対象は、本校の中学一年生から三年生までを対象とした。校内の掲示板でアンケートに答えてくれる人を募集した。集計箱にアンケート用紙を❷入れてくれてた子は全部で❸123名だった。集計してみると、習い事をしている人のうち、約半数近くが塾という❹解答だった。❺塾に続いて英会話教室に通う人や、通信教育で勉強している人の割合が高かった。［❻］、ピアノや書道、水泳など、小学校時代からの習い事を続けている人が三割程度いた。

① ――線部❶は、主語と述語が正しく対応していません。正しく対応した文に書き直しましょう。

〔　　　　〕

② ――線部❷は、話し言葉です。適切な書き言葉に改めましょう。

〔　　　　〕

③ ――線部❸を、漢数字に直して正しく書きましょう。

〔　　　　〕

④ ――線部❹を正しい表記に書き直しましょう。

〔　　　　〕

⑤ ――線部❺が、「塾が終わった後に英会話教室に行く人」と誤解されないように、書き直しましょう。

〔　　　　〕

⑥ ［❻］に当てはまる接続語を選び、記号で答えましょう。

ア しかし　**イ** ただ
ウ つまり　**エ** また

□

2 次の各文には、それぞれ不適切な特徴があります。それを説明した文をあとから選び、記号で答えましょう。

① 私がこの本の主人公から学んだことは、困難や逆境が続いても決して運命や周囲の人を憎むことなく、ひたむきに現実に対応し、問題があったら一つずつ解決しようとしていく姿勢で、私はどちらかというと、この主人公とは逆で、すぐに周りを恨んだり現実逃避してしまったりするところがある。 □

② 私は小学校時代までは読書があまり好きではなかった。それが、中学校に入ってから読書好きに変わった。それには、ある図書委員の先輩との出会いがあった。こうして読書の楽しさを聞いたことで、本を読んでみようと思うようになったのだ。これは、私にとって非常に大きかった。 □

③ 私は、高校には制服は必要だという考えに賛成である。なぜなら、私はかわいい制服を着たくて行きたい高校を選んでいるし、私服のセンスは今一つで自信がないからだ。それに、毎日何を着るか考えるのも面倒だし、周りの人と比較されるのも絶対に嫌だ。 □

ア 指示語が多すぎる。　イ 話し言葉を使っている。
ウ 主観的で説得力に欠ける。　エ 一文が長すぎる。

3 2の各文の不適切な特徴を改めて、それぞれ書き直しましょう。（③は自分なりの意見の根拠を書きましょう。）

①

②

③

12 高校生活への抱負①

よく出るテーマ1

高校へ入学するにあたってどのような抱負をもっているかについては、定番のテーマとして出題されています。

高校側がどのような意図で出題しているのかをおさえ、手順に沿って【例題】に取り組んでみましょう。

こんなふうに出る！

【例題】高校に入学したら、どのような高校生活を送りたいですか。期待することや抱負を、四百字以内で書きなさい。

ここを見ている！

▼前向きに高校生活を送ろうとしているか。
▼高校生活への期待や抱負を具体的にもっているか。
▼自分の今後に結びつくような、期待や抱負を挙げられているか。

では、「勉強」「部活動や委員会活動」「学校行事やその他の活動」「対人関係」という項目ごとに、高校生活への抱負を挙げてみます。37ページに書き込みましょう。

項目ごとに思いついたことを箇条書きで書き出してみて、その中から最も作文にしやすいことを選びます。

〈書く内容を選ぶときのポイント〉

▼その勉強や部活動、学校行事への取り組みなどを取り上げたのは、なぜか。

例 苦手な教科の克服に取り組むことで、将来の選択肢の幅を広げたいから。

▼その期待や抱負を達成することで、どんな自分になりたいか。

例 自分が決めた目標を達成することで自信をつけ、さまざまなことに前向きに挑戦していきたい。

こう出た！

「高校生活での目標」「高校生活で力を入れたいこと」のようにさまざまな形で問われます。またその高校の理念と関連づけて、高校生活をどう送るかを問われることもあります。

志望校の理念を確認しておこう。

基本練習

答えはありません。それぞれの例を参考にして書きましょう。アドバイスは106ページ。

どんな高校生活を送りたいか、項目ごとに書きましょう。

①

A 勉強に関して期待することや抱負

例 得手不得手関係なく、どの教科もバランスよく勉強すること。

B 達成することで、どんな自分になれるか

例 将来の選択肢や職業の幅が広がる。

②

A 部活動や委員会活動に関して期待することや抱負

例 体育祭実行委員になって、体育祭を盛り上げること。

B 達成することで、どんな自分になれるか

例 主体的に行動し、責任をもって関わることの大切さに気付ける。

③

A 学校行事やその他の活動に関して期待することや抱負

例 文化祭で、チームを組んで得意なダンスを披露すること。

B 達成することで、どんな自分になれるか

例 一つのことをやり遂げることで、自信をもてるようになる。

④

A 対人関係に関して期待することや抱負

例 同年代の友人に限らず、多くの年代の人と関わること。

B 達成することで、どんな自分になれるか

例 いろいろな人の存在や考えを知ることで、自分の視野が広がる。

13 よく出るテーマ1 高校生活への抱負②

37ページの①〜④の項目の中から、作文に書く内容を決めましょう。そして、原稿用紙に書き始める前に、どのように書くかを、「書き出し→中心→最後に」の順に書いて整理します。次の下書きメモの例を参考にしてください。

書き出し　設問に簡潔に答えるつもりで書く。

例　私が高校生活で取り組みたいことは、体育祭実行委員として、体育祭を盛り上げることだ。

中心　期待すること・抱負を具体的に説明する。

〈わかりやすい説明にするための注目ポイント〉

▼どんなことをしようとしているのか、具体的に挙げているか。
▼自分にとってどんなことが大切なのかを把握できているか。
▼期待や抱負を抱いたきっかけや根拠は何か。
▼そのことを実現することが、なぜ必要だと考えるか。
▼その抱負を達成することで、どんな自分になれるか。

メモの段階では、あとで文章化するときに思い出せるように、キーワードや短い文の形で書いておきましょう。（「中心」の書き方は、次のレッスンでも詳しく説明します。→40ページ）

【「中心」部分のメモの例】

・運動は得意だが、一人で取り組めることばかりしてきた。
・人前で話すことや代表になることが苦手で、避けていた。
・中学時代の先輩が、○○高校で体育祭実行委員をやっていると聞き、自分も挑戦してみたいと思うようになった。

最後に　この文章を通して伝えたいことを短くまとめる。

例　私は、多くの人と協力して一つのことを成し遂げる経験を通して、自分の可能性を広げていきたい。

「最後に」では、実現することで、どんな自分になれるかを端的に表すようにしましょう。メモの段階では、思いついたことを短い言葉で書き出すだけでも構いません。

基本練習

答えは106ページ

1 次のア〜ウはそれぞれ、36ページの【例題】の作文の下書きメモです。「書き出し→中心→最後に」の順になるように並べ替えて、□に記号で答えましょう。

①

ア 中二のときにヒップホップダンスに興味を抱くようになり、本格的にやってみたいと思うようになった。

イ 私は、一つのことをやり通すことで得られる経験を通して、何事にも自信をもって前向きに取り組めるようになりたい。

ウ 私は、自分が熱心に打ち込んできたダンスの成果を、文化祭で披露したいと考えている。

□→□→□

②

ア 私は、苦手な教科もしっかりと勉強することを通して、自分にとって必要なことを積極的に行う姿勢を身につけたい。

イ 私は、高校生活では、バランスよくどの教科も勉強するように心がけたいと思っている。

ウ 国際社会で生きるのに不可欠な英語の勉強が足りないまま高校に入学してしまったので、遅れを取り戻すべく勉強することが必要だと思うようになった。

□→□→□

2 37ページで書いた①〜④の項目から一つ選び、「書き出し→中心→最後に」の下書きメモを作りましょう。

書き出し

中心

最後に

1章

2章 よく出るテーマ別書き方

14 よく出るテーマ1 高校生活への抱負③

では、いよいよ39ページで作成した「下書きメモ」を元に、作文を書いていきます。

書き出しは、下書きメモをそのまま使うことができます。

中心は、箇条書きのメモの状態のままでは未完成なので、読み手に伝わるように文章化していきましょう。名前のとおり、作文の「中心」となる大事なパートです。作文全体の70％くらいの分量を使って書くようにします。

〈文章にするときのポイント〉

▼話がつながるように、言葉を補って読みやすく工夫する。

▼接続語を適切に使って、わかりやすくなるよう工夫する。

【元のメモ】

・運動は得意だが、一人で取り組めることばかりしてきた。

・人前で話すことや代表になることが苦手で、避けていた。

・中学時代の先輩が、○○高校で体育祭実行委員をやっていると聞き、自分も挑戦してみたいと思うようになった。

【わかりやすく書き直した例】

例 私は、運動が得意だったので、小中学校時代も運動会には楽しく参加してきた。だが、引っ込み思案な性格で、人前で話したり何かの代表になったりすることは避けてきた。それに、一人で取り組むほうが気が楽だったので、中学校時代は陸上の短距離走者として練習に励んできた。しかし、○○高校に進学している陸上部のときの先輩から、体育祭実行委員として活動していることを聞き、興味をもった。話を聞いてみて、人をまとめるのには大変なこともあるが、自分も挑戦してみたいと思うようになった。

最後にも、メモの内容を元に書いていきます。**中心**の内容につながるようにすることと、前向きな姿勢が見えるように肉付けしてまとめることを意識しましょう。

例 私は、体育祭実行委員として多くの人と協力して一つのことを成し遂げる経験を積み、苦手な役割にも率先して挑戦することで、自分の可能性を広げていきたい。

基本練習

答えは107ページ

次の作文を読んで、下の問いに答えましょう。

私の高校生活における抱負は、同年代の友人に限らず、より多くの年代の人と関わってみることだ。

　これまでの私は、同年代の友人と過ごすことに意義を見いだし、そのほかの年代の人たちと交流することには興味がなかった。しかし、中三の夏、高齢の祖父の希望で、祖父や父が代々みこしをかつぐ町内のお祭りを見学しに行った。そこで、幼少期に祖父に連れられて会ったことのある近所の方々とも久しぶりに顔を合わせた。大きくなったねと歓迎され、自分は地域の中で多くの人に囲まれて大きくなったのだということを実感した。そこで、高校では地域交流プログラムを生かして、祖父の代わりに自分がみこしのかつぎ手になるなど、地域の活動にもっと関わりたいと思うようになった。

　私は、地域の活動に参加していろいろな年代の人と関わることを通して、多くの人の中で自分にできることを見つけることができた。それをこれから社会の一員として働くときに生かしたい。

上の作文の内容に当てはまる言葉を選び、記号を○で囲みましょう。

① なぜ多くの年代の人と関わりたいと思ったかを、
ア 自分の経験を踏まえてわかりやすく
イ 小説の一場面を例として紹介しながら
書けている。

② 多くの年代の人と関わる方法として考えたことを、
ア 比喩表現を多く使って
イ 具体例を挙げて
わかりやすく伝わるように書けている。

③ その体験を通してどんな自分になれるかを、
ア 好きなことに取り組む大切さ
イ 将来的に社会に出て働くこと
と結びつけて、まとめている。

別冊2～3ページの原稿用紙に自分の作文を書いてみましょう。

15 中学校生活の思い出①

よく出るテーマ2

テーマ①の「高校生活への抱負」とともに、中学校生活を振り返るテーマも定番として出題されています。

高校側がどのような意図で出題しているのかをおさえ、手順に沿って【例題】に取り組んでみましょう。

こんなふうに出る！

【例題】中学校生活で印象に残ったことと、そこから学んだことは何ですか。四百字以内で書きなさい。

ここを見ている！

▼中学校でどのようなことに取り組んできたのか。
▼過去を前向きに振り返ることができているか。
▼経験を学びや今後につなげることができているか。

では、「勉強」「部活動や委員会活動」「学校行事」「対人関係」という項目ごとに、中学校生活を振り返ってみます。次の43ページに書き込みましょう。

項目ごとに思いついたことを箇条書きで書き出してみて、その中から最も作文にしやすいことを選びます。

〈書く内容を選ぶときのポイント〉

▼その体験や出来事の前後で、考えや行動が変わったかどうか。

例 吹奏楽部で全国大会に出場して達成感を味わい、熱心に打ち込むことの楽しさや意義を知ることができた。

▼その体験や出来事にはどんな問題があり、どう乗り越えたか。

例 部員全員で息を合わせて演奏するのは難しかったが、繰り返し練習することで、うまくいくようになった。

ささいな出来事でもいいよ。

こう出た！

●中学校生活で印象に残っていることと、学んだこと
（日本大学第三高等学校）

※「中学校での経験を、高校生活でどう生かしたいか」のように問われることもある。

基本練習

答えはありません。それぞれの例を参考にして書きましょう。アドバイスは107ページ。

あなたの中学校生活を振り返って、項目ごとに書きましょう。

①

A 勉強に関して印象に残ったこと

例 数学が苦手だったので、友人に質問する習慣をつけたこと。

B その経験・出来事から学んだこと

例 問題点をそのままにせず、すぐに解決したほうがよいこと。

②

A 部活動や委員会活動に関して印象に残ったこと

例 吹奏楽部の演奏にひかれて入部し、夢中で取り組んだこと。

B その経験・出来事から学んだこと

例 好きなことに熱心に打ち込むことの楽しさや意義。

③

A 学校行事に関して印象に残ったこと

例 中三の文化祭の劇で主役を務めたこと。

B その経験・出来事から学んだこと

例 最初は気が重かったが、思いがけず自信につながったこと。

④

A 対人関係に関して印象に残ったこと

例 友人と意見の不一致で気まずくなったが仲直りできたこと。

B その経験・出来事から学んだこと

例 お互いに歩み寄ってわかり合おうとすることの大切さ。

16 中学校生活の思い出②

よく出るテーマ2

43ページの①～④の項目の中から、作文に書く内容を決めましょう。そして、原稿用紙に書き始める前に、どのように書くかを、「書き出し→中心→最後に」の順に書いて整理します。次の下書きメモの例を参考にしてください。

書き出し **設問に簡潔に答えるつもりで書く。**

例 私が中学校生活で最も印象に残っているのは、苦手だった数学の勉強を頑張ったことだ。

中心 **その経験・出来事を具体的に説明する。**

〈わかりやすい説明にするための注目ポイント〉

▼いつ・どこで・誰が・何を・どうしたか。
▼その経験や出来事に対してどのように思ったか。
▼課題や問題点が生じたとき、どうしたか。
▼力を貸してくれた人はいたか。
▼その経験や出来事に取り組んで、感じたことは何か。

メモの段階では、あとで文章化するときに思い出せるように、キーワードや短い文の形で書いておきましょう。（「中心」の書き方は、次のレッスンでも詳しく説明します。→46ページ）

【「中心」部分のメモの例】

・以前から算数が苦手で、中一の授業を難しく感じた。
・授業に集中できず、テストの点も悪くて焦った。
・わからない箇所を、友人と確かめ合うようにした。
・友人の協力で、授業を受けるのが楽しくなった。

最後に **この文章を通して伝えたいことを短くまとめる。**

例 私は、この経験を通して、問題を解決するために行動する力を身につけることができた。

「最後に」では、学んだことを明確に示し、前向きな気持ちを表すようにしましょう。メモの段階では、思いついたことを短い言葉で書き出すだけでも構いません。

基本練習

答えは107ページ

1 次のア〜ウはそれぞれ、42ページの【例題】の作文の下書きメモです。「書き出し→中心→最後に」の順になるように並べ替えて、□に記号で答えましょう。

①
ア 私は、この経験を通して、歩み寄って互いの意見に耳を傾け合うことの大切さを学んだ。
イ 意見が食い違ったとき、お互いに譲らず気まずくなった。数日間、口をきかなかったが、思い切って話し合うことにした。
ウ 中学校生活で最も印象に残っているのは、仲たがいした友人と仲直りできたことだ。

□→□→□

②
ア 文化祭の出し物の劇で、主人公が小さな子だからと、小柄な私が推薦された。気が重かったが引き受けることにした。
イ 中学校生活で最も印象に残っているのは、三年生のときの文化祭で、劇の主役を務めたことだ。
ウ 私は、この経験を通して、苦手に感じることでも思い切って挑戦することで自信につながることを知った。

□→□→□

2 43ページで書いた①〜④の項目から一つ選び、「書き出し→中心→最後に」の下書きメモを作りましょう。

書き出し

中心

最後に

よく出るテーマ2

17 中学校生活の思い出③

では、いよいよ45ページで作成した「下書きメモ」を元に、作文を書いていきます。

書き出しは、下書きメモをそのまま使うことができます。

中心は、箇条書きのメモの状態のままでは未完成なので、読み手に伝わるように文章化していきましょう。名前のとおり、作文の「中心」となる大事なパートです。作文全体の70％くらいの分量を使って書くようにします。

〈文章にするときのポイント〉

▼話がつながるように、言葉を補って読みやすくする。
▼接続語を適切に使ってわかりやすくなるよう工夫する。

【元のメモ】

・以前から算数が苦手で、中一の授業を難しく感じた。
・授業に集中できず、テストの点も悪くて焦った。
・わからない箇所を、友人と確かめ合うようにした。
・友人の協力で、授業を受けるのが楽しくなった。

【わかりやすく書き直した例】

例 私は、小学生の頃から算数が苦手だった。だから、中学一年生の数学の授業も難しく感じ、授業に集中できなかった。当然、テストの点も悪くなっていった。しかし、どうやって立て直したらよいかわからず、焦った。そこで、まずは授業をよく聞くことにし、わからないことは数学が得意な友人に質問するようにした。友人は、自分も教えることでさらに理解が深まるからと、快く対応してくれた。友人の協力のおかげもあって、授業を受けるのがだんだん楽しくなり、気づくと成績も上がっていた。

最後にも、メモの内容を元に書いていきます。**中心**の内容につながるようにすることと、前向きな姿勢が見えるように肉付けしてまとめることを意識しましょう。

例 私は、この体験を通して、問題を解決するためにはどうするべきかを考えて、実際に行動する力を身につけることができた。今後も課題に直面したら、このときの体験を生かしていきたい。

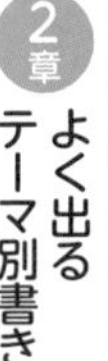

基本練習

答えは107ページ

次の作文を読んで、下の問いに答えましょう。

私が中学校生活で最も印象に残っているのは、吹奏楽部の活動に熱中したことだ。

たまたま新入生を歓迎する演奏を聞いて一気にひきつけられ、すぐに入部を決めてしまった。全国大会を目指すような学校だったので練習は厳しかったが、苦にならないくらい夢中になり、練習に励んだ。しかし、五十人くらいの部員が全員で一つの曲を演奏するので、難しい箇所はなかなか合わない。そういうときは、顧問の先生が粘り強く指導してくださり、飽きるくらい何度も繰り返し練習した。すると、あるときからすっとメロディーに一体感が生まれるようになる。そうして曲が「自分たちのものになった」と感じられるようになると、演奏もよいものに仕上がるのだ。私が中三のときには念願の全国大会出場を果たし、努力が報われたという達成感も味わえた。

私は、この体験を通して、好きなことに熱心に打ち込むことの楽しさや意義を知った。高校でも吹奏楽部に入部し、活動していきたい。

上の作文の内容に当てはまる言葉を選び、記号を○で囲みましょう。

① 吹奏楽部に入部してからの経緯を、
ア わかりやすく簡潔に
イ 小説のようにユニークに
書けている。

② 全員で息を合わせて演奏できるようになるまでを
ア 比喩表現を多く使って
イ 接続語を適切に使って
臨場感を感じられるように書けている。

③ この体験を通して身につけた、
ア 好きなことに取り組む前向きな姿勢
イ 自分の演奏に関する具体的な課題
を今後に向けて示して、まとめている。

別冊4～5ページの原稿用紙に自分の作文を書いてみましょう。

18 将来の夢①

よく出るテーマ3

将来の夢としてどのようなものを思い描いているかについても、定番のテーマの一つとしてよく出題されています。

高校側がどのような意図で出題しているのかをおさえ、手順に沿って【例題】に取り組んでみましょう。

こんなふうに出る！

【例題】あなたの将来の夢は何ですか。四百字以内で書きなさい。

ここを見ている！

▼自分の将来について真剣に考えているか。
▼なぜそのような夢を抱くようになったのか。
▼夢の実現に向けてどのような努力や心構えが必要だと考えているか。

では、「生き方」「職業」「進路」という項目ごとに、将来の夢に関する内容を考えてみます。49ページに書き込みましょう。

項目ごとに思いついたことを箇条書きで書き出してみて、その中から最も作文にしやすいことを選びます。

〈書く内容を選ぶときのポイント〉

▼将来の夢といったとき、自分が明確に思い描ける内容かどうか。

例 歴史がとても好きなので、大学の史学科に進学したい。

▼なぜそのような将来の夢を思い描いたのか。

例 自分が好きなことに思い切り打ち込む経験を、学生時代に体験してみたいと思うから。

こう出た！

●あなたは、将来、どのような仕事をしたいと思いますか。その理由も一緒に述べてください。また、その仕事をするために、高校生活でどのようなことに「挑戦」したいと思いますか。その理由も一緒に述べてください。

（東京都立神代高等学校）

※「将来の夢を抱くようになったきっかけ」や、「その夢を実現するために、どんな高校生活を送りたいか」のように、問われることも多い。

答えはありません。それぞれの例を参考にして書きましょう。アドバイスは107ページ。

48ページの【例題】について、項目ごとに書きましょう。

①

A どのような生き方をしたいかについて

例 自分の好きなことを追求するような生き方。

B なぜそう考えるのか

例 自分が好きだからこそ本気になれるし、それが人に伝わったり人の役に立ったりすることにもつながると思うから。

C 理想的な生き方をするためには何が必要か

例 自分の信念や目標を忘れないようにすること。

②

A 就きたい職業について

例 介護職、芸術療法士。

B なぜそう考えるのか

例 得意な絵を生かして、興味のある介護分野で働きたいから。

C どういった形で社会に貢献したいか

例 芸術療法士の技術や知識を生かす形で。

③

A 高校卒業後の進路について

例 大学に進学する予定。

B なぜそう考えるのか

例 歴史が好きなので、史学科でより深く学びたいから。

C どういったことを頑張りたいか

例 江戸時代の庶民文化についての研究に励むこと。

ポイント

将来の夢が明確に決まっていない場合は特に、①の項目についてよく考えてみてほしい。そもそも②で考える職業は、自分の生活を成り立たせるものであるだけでなく、自分の人生の目的をかなえる手段である。だから、①の「どのような生き方をしたいのか」を考えることが、②の就きたい職業や③の進路先を考えることにつながっていくのだ。

19 将来の夢②

よく出るテーマ3

49ページの①～③の項目の中から、作文に書く内容を決めましょう。そして、原稿用紙に書き始める前に、どのように書くかを、「書き出し→中心→最後に」の順に書いて整理します。次の下書きメモの例を参考にしてください。

書き出し **設問に簡潔に答えるつもりで書く。**

例 私の将来の夢は、芸術療法士として働き、障がいのある方や高齢者に絵を描くことの楽しさを知ってもらうことだ。

中心 **夢の内容について具体的に説明する。**

〈わかりやすい説明にするための注目ポイント〉

▼どんな夢を抱いているか、具体的に挙げているか。
▼どんなことがきっかけでその夢を抱くようになったのか。
▼その夢を実現させるために、どんな行動が必要か。
▼その夢を実現させるために、どんな心構えが必要か。

メモの段階では、あとで文章化するときに思い出せるように、キーワードや短い文の形で書いておきましょう。（「中心」の書き方は、次のレッスンでも詳しく説明します。→52ページ）

【「中心」部分のメモの例】

・子どもの頃の夢は画家で、中学では美術部で活動していた。
・進学先を考えたときに、美術を専門とするのは辞めた。
・得意な絵を生かせる芸術療法士という職業があることを知って興味を抱き、どうすればなれるのか探すようになった。

最後に **この文章を通して伝えたいことを短くまとめる。**

例 私は、芸術や心理療法への理解を深め、多くの経験を積むことで、人の心をいやせるような人に成長したい。

「最後に」では、将来の夢を達成するために、自分がどんなことを目指すのかを明確にしましょう。メモの段階では、思いついたことを短い言葉で書き出すだけでも構いません。

答えは107ページ

1 次のア～ウはそれぞれ、48ページの【例題】の作文の下書きメモです。「書き出し→中心→最後に」の順になるように並べ替えて、□に記号で答えましょう。

①

ア まずは希望する大学に合格できるよう、毎日こつこつ勉強して、よい成績を取れるよう努力を続けたい。

イ なぜなら、歴史がとても好きで、江戸時代の庶民文化について、もっと勉強してみたいと感じているからだ。

ウ 私は、高校を卒業したら、大学の史学科に進みたいと考えている。

□→□→□

②

ア 私は、どんな職業が自分に向くのかを見つけるためにも、大学に進学し、いろいろな経験を積んでいきたい。

イ 私は、具体的に何をするかは決まっていないが、何か人の役に立てるような生き方をしたいと考えている。

ウ 昔から人と関わることが好きで、人に喜んでもらうことが自分の喜びにつながるからだ。

□→□→□

2 49ページで書いた①～③の項目から一つ選び、「書き出し→中心→最後に」の下書きメモを作りましょう。

書き出し

中心

最後に

20 将来の夢③

よく出るテーマ3

では、いよいよ51ページで作成した「下書きメモ」を元に、作文を書いていきます。

書き出し は、下書きメモをそのまま使うことができます。

中心 は、箇条書きのメモの状態のままでは未完成なので、読み手に伝わるように文章化していきましょう。名前のとおり、作文の「中心」となる大事なパートです。作文全体の70％くらいの分量を使って書くようにします。

〈文章にするときのポイント〉

▼過去のエピソードを加えるなどして、夢を抱くに至った過程をわかりやすく書くようにする。

▼職業や学びたい学問などは、なるべく具体的に示すようにする。

【元のメモ】

・子どもの頃の夢は画家で、中学では美術部で活動していた。
・進学先を考えたときに、美術を専門とするのは辞めた。
・得意な絵を生かせる芸術療法士という職業があることを知って興味を抱き、どうすればなれるのか探すようになった。

【わかりやすく書き直した例】

例 私は小さい頃から絵を描くのが好きで、子どもの頃の夢は画家だった。親も応援してくれて、小学生の頃は絵画教室に通い、中学では美術部で活動していた。何度か小中学生対象の絵画コンクールで入選したこともある。しかし、進学先を考えたときに、美術を専門とするのは辞めた。一人で絵を描く作業をするよりも、人と関わるような仕事に就きたいと感じたからだ。そんなとき、得意な絵を生かせる芸術療法士という職業があることを知って興味を抱き、どうすればなれるのかを探すようになった。

最後に も、メモの内容を元に書いていきます。中心 の内容につながるようにすることと、前向きな姿勢が見えるように肉付けしてまとめることを意識しましょう。

例 芸術療法士になるための進学先や就職先はまだ多くはないが、私は、芸術や心理療法への理解を深め、多くの経験を積むことで、人の心をいやせるような人に成長したい。

基本練習

答えは107ページ

次の作文を読んで、下の問いに答えましょう。

私は、就きたい職業は明確に決まっていないが、自分が好きで打ち込めるようなことを追求する生き方をしたいと考えている。

好きだからこそ熱心に打ち込むことができると思うからだ。そう思うようになったのは、十歳年上のいとこが、有名企業を退職し、「今の時代に求められている」と、シェアハウスの運営を始めたことがきっかけだ。最初は軌道に乗らなくて苦労したこともあったようだが、今では需要も高く、うまくいっていると聞いた。そして、大変なことがあっても自分がしたいことのために生き生きと働くいとこの姿を見ているうちに、単に大学に進学してどこかの企業に就職すればよいという考えだった私も、本当に自分のしたいことは何かを見つめ直すようになった。

ただ、自分の好きなことやしたいことが、必ずしも職業として成り立つとは限らない。だから、高校生活においては勉強や部活に励み、いろいろな経験を積んでおきたいと思っている。

上の作文の内容に当てはまる言葉を選び、記号を○で囲みましょう。

① なぜ好きなことを追求する生き方をしたいかを、

ア 本の中で感銘を受けた言葉を挙げて

イ 身近な人の生き方を例に挙げて

わかりやすく書けている。

② いとこの姿から感じたことを、

ア 順序を表す言葉や接続語を入れて

イ いとこの考えや様子を取り上げて

わかりやすく伝わるように書けている。

③ 自分の望む生き方を達成するために、

ア 自分を押し通す強さはどこからくるか

イ 今現在、自分に必要なのはどんなことか

を具体的に示すことで、まとめている。

別冊6〜7ページの原稿用紙に自分の作文を書いてみましょう。

21 志望理由①

よく出るテーマ4

その高校をなぜ志望するのかという理由を問う問題は、頻出といえます。

高校側がどのような意図で出題しているのかをおさえ、手順に沿って【例題】に取り組んでみましょう。

こんなふうに出る！

【例題】あなたが本校を志望した理由は何ですか。六百字以内で書きなさい。

ここを見ている！

▼どのような理由から、その高校を志望しているか。
▼その高校のどんなところに魅力を感じているか。
▼入学後に、どのような高校生活を送りたいのか。

では、「指導内容や授業」「進路実績・進路指導」「部活動や学校行事」「その他、魅力に感じたこと」に分けて、その高校を志望する理由を書き出してみます。55ページに書き込みましょう。

項目ごとに思いついたことを箇条書きで書き出してみて、その中から最も作文にしやすいことを選びます。

〈説得力のある志望理由を書くポイント〉

▼志望動機を明確に挙げているか。

例 私が貴校を志望する理由は、貴校が地域コミュニティー作りに積極的に関わっているからだ。

▼志望理由と自分の目標や目指す高校生活を結びつけているか。

例 私は、将来は地元に根差した仕事に就きたいと考えている。そこで、この地域でさまざまな活動を行っている貴校に入学し、高校時代から地域活動に携わる経験を積みたい。

こう出た！

推薦入試では、出願するときに志望理由書の提出を求められることがあります。事前に記入して提出することが多いですが、試験会場で記入する場合もあります。

基本練習

答えはありません。それぞれの例を参考にして書きましょう。アドバイスは107ページ。

54ページの【例題】について、項目ごとに書き出しましょう。

①

A 指導内容や授業

例 英検指導や、姉妹校への海外留学制度があること。

B なぜそこに魅力を感じたのか

例 得意な英語を伸ばして、将来につなげたいと考えているから。

②

A 進路実績・進路指導

例 志望する大学への合格者を多数輩出していること。

B なぜそこに魅力を感じたのか

例 高校卒業後は大学に進学したいと考えているから。

③

A 部活動や学校行事

例 バレーボール部に全国大会出場実績があること。

B なぜそこに魅力を感じたのか

例 中学時代から始めたバレーボールに、高校でも真剣に取り組みたいから。

④

A その他、魅力に感じたこと

例 自習室や研修ルーム、パソコンルームなどが充実していること。

B なぜそこに魅力を感じたのか

例 目的別に活用できる設備があって便利だから。

22 志望理由②

よく出るテーマ4

55ページの①〜④の項目の中から、作文に書く内容を決めます。志望理由は一つか二つに絞るとよいでしょう。そして、原稿用紙に書き始める前に、どのように書くかを、「書き出し→中心→最後に」の順に書いて整理します。次の下書きメモの例を参考にしてください。

書き出し **設問に簡潔に答えるつもりで書く。**

例 私が貴校を志望するのは、貴校が海外留学制度を設けていることと、自分が志望する大学への合格者を多数輩出していることによる。

中心 **志望する理由を具体的に説明する。**

〈わかりやすい説明にするための注目ポイント〉

▼海外留学制度や大学合格実績に注目したのはなぜか。

▼それら二点と、自分の目標や将来の進路とを、しっかり結びつけて説明できているか。

メモの段階では、あとで文章化するときに思い出せるように、キーワードや短い文の形で書いておきましょう。（中心の書き方は、次のレッスンでも詳しく説明します。→58ページ）

【「中心」部分のメモの例】

・将来は英語を生かした職業に就きたいと考えている。

・海外留学制度があり、英語教育に熱心な点に魅力を感じた。

・自分が志望する大学への内部進学が可能なのも魅力。推薦枠を活用して志望大学の英文科合格を果たしたい。

最後に **この文章を通して伝えたいことを短くまとめる。**

例 私には、国際的な企業に勤めて得意な英語を生かした仕事をするという目標があるため、貴校の英語教育に関する制度を存分に活用したい。

「最後に」では、自分の考えを再度、端的にまとめて示しましょう。メモの段階では、思いついたことを短い言葉で書き出すだけでも構いません。

基本練習

答えは107ページ

1 次のア～ウは、54ページの【例題】の作文の下書きメモです。「書き出し→中心→最後に」の順になるように並べ替えて、□に記号で答えましょう。

ア このように私は、勉強に部活動に、充実した高校生活を送りたいと考えている。貴校に入学できたら、自分が好きなスポーツに力を注ぎ、校内の設備を活用して勉学にも励みたい。

イ 中学ではバレーボールに打ち込み、県大会出場まであと一歩というところまで行った。そこで、高校でも同じ部活に打ち込みたいと考えている。また、自習室やパソコンルームが充実していて、部活動の合間に活用できるのも魅力に感じている。

ウ 私が貴校を志望したのは、自分が入部したいバレーボール部に全国大会出場を果たした実績があり、自習室やパソコンルームなどの設備が充実しているからだ。

□→□→□

2 55ページで書いた①～④の項目から一つか二つ選び、「書き出し→中心→最後に」の下書きメモを作りましょう。

書き出し

中心

最後に

23 志望理由③

よく出るテーマ4

では、いよいよ57ページで作成した「下書きメモ」を元に、作文を書いていきます。

書き出し は、下書きメモをそのまま使うことができます。

中心 は、箇条書きのメモの状態のままでは未完成なので、読み手に伝わるように文章化していきましょう。名前のとおり、作文の「中心」となる大事なパートです。作文全体の70％くらいの分量を使って書くようにします。

〈文章にするときのポイント〉
- ▼一つの文が長くなりすぎないように工夫する。
- ▼主語・述語のねじれや呼応の副詞の乱れがあるなど、読みづらい文にならないように工夫する。

【元のメモ】

- ・将来は英語を生かした職業に就きたいと考えている。
- ・海外留学制度があり、英語教育に熱心な点に魅力を感じた。
- ・自分が志望する大学への内部進学が可能なのも魅力。推薦枠を活用して志望大学の英文科合格を果たしたい。

【わかりやすく書き直した例】

例 中学二年のときの英語の先生の影響で英語の楽しさに目覚め、将来は英語を生かした職業に就きたいと考えるようになった。そこで、海外留学制度や英検指導があり、英語教育に力を入れている点に魅力を感じた。ぜひ留学制度を活用して英語圏の国で過ごす機会をもちたいと考えている。また、高校在学中に英検二級まで取得することを目指している。さらに、私が志望する大学への内部進学が可能なのも魅力に感じている。よい成績を収めて推薦枠を活用し、志望大学の英文科合格を果たしたい。

最後に も、メモの内容を元に書いていきます。**中心** の内容につながるようにすることと、前向きな姿勢が見えるように肉付けしてまとめることを意識しましょう。

例 私には、国際的な企業に勤めて得意な英語を生かした仕事をするという目標がある。そこで、貴校に入学して、英語教育に関する制度を存分に活用して、将来に必要な知識や経験を積み重ねていきたい。

答えは107ページ

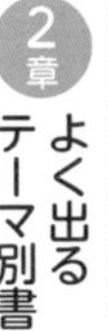

次の作文を読んで、下の問いに答えましょう。

私が貴校を志望する理由は、貴校が海外留学制度を設けていることと、自分が志望する大学への内部進学が可能であることによる。

私は、中学二年生のときの英語の先生の影響で英語の楽しさに目覚めた。中学三年生になって進路を具体的に考えるようになったとき、将来は英語を生かした職業に就きたいと考えるようになった。そこで、海外留学制度や英検指導があり、英語教育に力を入れている貴校のことを知って、非常に魅力を感じた。まずは高校一年生の夏にサマースクールに参加し、その後、条件が合うならば留学制度を活用して英語圏の国で長く過ごす機会をもちたいと考えている。また、高校で英検指導を受けて受検対策ができるのも、とても魅力に感じている。放課後に行われている補講や英会話の授業も活用し、高校在学中に英検二級まで取得することを目指している。そして、私が志望する大学への内部進学者が多数いること、既定の基準の成績を満たしていれば内部進学が可能であることも、貴校に魅力を感じた理由としてとても大きい。どの教科でもよい成績を収め、できれば内部推薦枠を活用して、志望大学の英文科合格を果たしたいと考えている。

私には、国際的な企業に勤めて得意な英語を生かした仕事をするという目標がある。そこで、貴校に入学できたら、英語教育に関する制度を存分に活用して、将来に必要な知識や経験を積み重ねていきたい。

上の作文の内容に当てはまる言葉を選び、記号を○で囲みましょう。

① その高校を志望する理由を、
ア 将来の夢を語ることで
イ 大きく二つに絞って
説明している。

② その高校の英語教育に関する制度を、
ア どのように活用したいか
イ どれだけ詳しく調べたか
を具体的に書けている。

③ 「最後に」では、
ア 自分が感じるその高校の魅力や特徴
イ 将来の目標や高校生活での抱負
を挙げてまとめている。

別冊8～9ページの原稿用紙に自分の作文を書いてみましょう。

24 よく出るテーマ5 抽象的なキーワード①

抽象的な言葉が一つ提示されて、それに対して感じたことや考えたことを自由にまとめる問題もたびたび出題されています。

高校側がどのような意図で出題しているのかをおさえ、手順に沿って【例題】に取り組んでみましょう。

こんなふうに出る！

【例題】「対話」という言葉から、どのようなことを思い浮かべたり考えたりしますか。四百字以内で書きなさい。

ここを見ている！

▼「対話」というキーワードを、どのようにとらえているか。
▼その言葉へのとらえ方を、自分の体験を挙げて説明できているか。
▼具体例を挙げてわかりやすく説明できているか。

では、「対話」というキーワードに関して項目ごとに考えたことや、それに関連した自分の体験を書き出してみます。61ページに書き込みましょう。

項目ごとに思いついたことを箇条書きで書き出してみて、その中から最も作文にしやすいことを選びます。

〈書く内容を考えるときのポイント〉

▼「対話」という言葉をどうとらえるか。

例 私にとっての「対話」とは、自分の心の中で自問自答し、自分の考えや気持ちを明確にする「自分との対話」である。

▼そのようにとらえるに至った自分の体験はどんなものか。

例 自分の進路を決めるのに悩んだとき、今の迷いやしたいことを徹底的に書き出すことで、自分の気持ちがわかったこと。

こう出た！

●次のことについて、あなたの経験を踏まえながら考えを述べなさい。

「やさしさ」

（東京都立松が谷高等学校）

基本練習

答えはありません。それぞれの例を参考にして書きましょう。アドバイスは108ページ。

60ページの【例題】について、項目ごとに書きましょう。

①

A 「対話」という言葉の意味として、自分が考えること

例 相手としっかり向き合って、深く話し合うこと。

B 自分が考えた「対話」の意味を用いた短文

例 友人と休日に、「友情」についてじっくり対話した。

②

「対話」という言葉から思い浮かべる自分の体験

A 人と「対話」した体験と、考えや気持ち

例 友人と「友情」について深く語り合った。考え方が違う部分もあったが、お互いを思い合う気持ちを確認できてうれしかった。

B 自分と「対話」した体験と、考えや気持ち

例 自分の進路に悩んだとき、ノートに気持ちやしたいことを書き出した。自分の考えを整理することができてすっきりした。

C 物や本、映画などと「対話」した体験と、考えや気持ち

例 祖母が若い頃に自作したコートを、今私が着ている。祖母が物を大事にしているからこそ、自分に受け継がれたのだと感じている。

挙げられた言葉の意味について、似た言葉との違いを比較してみると、考えが深まる。また、「対話」だから相手は「他者だけ」だと決めつけずに、自分自身や大事にしている物や芸術作品など、対象の幅を広げて考えることで、自分の中からいろいろな体験や考えが浮かび上がってくる。これは「対話」以外の言葉にも当てはまることが多いので、覚えておこう。

25 よく出るテーマ5 抽象的なキーワード②

61ページの①で、自分が考えるそのキーワードの意味を整理したら、②のA~Cの項目の中から、作文に書く内容を決めましょう。そして、原稿用紙に書き始める前に、どのように書くかを、「書き出し→中心→最後に」の順に書いて整理します。次の下書きメモの例を参考にしてください。

書き出し **設問に簡潔に答えるつもりで書く。**

例 「対話」という言葉から、私は、相手としっかり向き合って、目的をもって深く話し合うことを思い浮かべた。

中心 **キーワードに関する自分の体験や思いを、具体的に説明する。**

〈わかりやすい説明にするための注目ポイント〉
▼キーワードに関連した自分の体験を挙げられているか。
▼自分の体験をわかりやすく説明できているか。
▼自分の体験から何を思い考えたか、説明できているか。
▼キーワードと関連させて「最後に」をまとめられているか。

メモの段階では、あとで文章化するときに思い出せるように、キーワードや短い文の形で書いておきましょう。（中心の書き方は、次のレッスンでも詳しく説明します。→64ページ）

【「中心」部分のメモの例】

・親しい友人と「友情」について夜遅くまで語り合った。
・お互いに「友情」と思うことが一致していない部分もあった。
・お互いを大事に思う気持ちは一致していた。
・話してみて初めてわかることもあり、友人の考えや気持ちを知ることができてうれしかった。

最後に **この文章を通して伝えたいことを短くまとめる。**

例 私は、「友情」というテーマを決めて友人と深く語り合うことを通して、「対話」の意義を知ることができた。

「最後に」では、自分の挙げた体験が、キーワードとどのように結びつくのかを明確にしましょう。メモの段階では、思いついたことを短い言葉で書き出すだけでも構いません。

答えは108ページ

1 **次のア〜ウはそれぞれ、60ページの【例題】の作文の下書きメモです。「書き出し→中心→最後に」の順になるように並べ替えて、□に記号で答えましょう。**

①
ア 私は歴史小説が好きで、主人公とともに悩んだり挑戦したりするつもりで読み進めている。それによって、生きる姿勢として必要なことは、時代を超えて共通していることを知った。
イ 「対話」とは、相手が他者であれ自分であれ物であれ、深く追究することで考えを深めることができるものだと思う。
ウ このように「対話」とは、自分が関心を抱いた対象を通して視野を広げる手段だと考える。

□→□→□

②
ア 自分の進路に悩んだとき、ノートに自分の気持ちや希望を書き出してみた。その結果、自分でも気づいていなかったことを発見できた。
イ このように、自分自身と対話することで、自分自身を深く知ることができると考える。
ウ 「対話」とは、自分自身を知る手段ではないだろうか。

□→□→□

2 **61ページで書いた②のA〜Cから一つ選び、「書き出し→中心→最後に」の下書きメモを作りましょう。**

書き出し

中心

最後に

26 抽象的なキーワード③

よく出るテーマ5

では、いよいよ63ページで作成した「下書きメモ」を元に、作文を書いていきます。

書き出しは、下書きメモをそのまま使うことができます。

中心は、箇条書きのメモの状態のままでは未完成なので、読み手に伝わるように文章化していきましょう。名前のとおり、作文の「中心」となる大事なパートです。作文全体の70％くらいの分量を使って書くようにします。

〈文章にするときのポイント〉

▼抽象的なキーワードに沿った、具体的なエピソードを取り上げるようにする。

▼出来事の時系列がわかりやすくなるように、言葉を補う。

【元のメモ】

・親しい友人と「友情」について夜遅くまで語り合った。
・お互いに「友情」と思うことが一致していない部分もあった。
・お互いを大事に思う気持ちは一致していた。
・話してみて初めてわかることもあり、友人の考えや気持ちを知ることができてうれしかった。

【わかりやすく書き直した例】

例 中三になる前の春休み、友人の家に泊まりに行き、「友情」について夜遅くまで語り合った。それで、互いに「友情」と思うことが一致していない部分があることを初めて知った。一方で、互いを大事に思う気持ちは一致していることもわかった。ただのおしゃべりではなく、深く「対話」することで初めてわかることもあるのだと実感した。友人の考えや気持ちを知ることができてうれしかった。

最後にも、メモの内容を元に書いていきます。**中心**の内容につながるようにすることと、前向きな姿勢が見えるように肉付けしてまとめることを意識しましょう。

例 私は、「友情」というテーマを決めて友人と深く語り合うことを通して、友人とさらにわかり合えるようになった。この体験から、「対話」の大切さや必要性を知ることができた。

基本練習

答えは108ページ

次の作文を読んで、下の問いに答えましょう。

私は、言葉を発しない「物」であっても心の中で「対話」でき、それによって自分の考えが深まると考えている。
その例として、私の祖母が若い頃に手作りしたコートとの「対話」を挙げて説明したい。祖母は、私が中学二年生のときに病気でなくなってしまった。それで、私は形見として、祖母が昔作ったコートをもらった。祖母とは背格好が似ていたので、私にぴったりだった。質のよい素材で作ったものをきれいな状態で保管してあったので、今も着ることができている。そして、コートを着たり見たりするたびに、祖母がどんな思いでこのコートを取っておいたのかを考えるようになった。なくなった祖母と話すことはもうできないが、このコートを通して、物を大切にしていた祖母の新たな一面を知ることができたと感じている。
このように「対話」とは、自分対「物」でも成立しうると私は考える。物を大事にする祖母の思いを知ることができた、貴重な体験だった。

上の作文の内容に当てはまる言葉を選び、記号を○で囲みましょう。

① 自分が「対話」という言葉をどう考えるかを、
ア 「対話」に関して祖母から聞いたことを挙げて説明している。
イ 「対話」の対象は人だけではないことを挙げて説明している。

② 自分が何と「対話」したのかを、
ア 出来事の時系列に沿って祖母の言葉を数多く引用して
イ わかりやすく伝わるように書けている。

③ 自分の「対話」の経験から、
ア 物を大切にすることが必要である
イ 物を通して気づきを得ることがあるとまとめている。

別冊10～11ページの原稿用紙に自分の作文を書いてみましょう。

27 よく出るテーマ6 国際化社会と異文化理解①

国際化社会に生きる現代人として、異文化をどのように理解するべきかについて考える問題もよく出題されています。
高校側がどのような意図で出題しているのかをおさえ、手順に沿って【例題】に取り組んでみましょう。

こんなふうに出る！

【例題】価値観が多様化する国際化社会の中で生きていくために必要な姿勢や、異文化を理解するために求められることは、どのようなものだと考えますか。六百字以内で書きなさい。

ここを見ている！

▼国際化社会の中で生きることをどう考えているか。
▼異文化を理解するために必要なことを認識できているか。

では、国際化社会や異文化理解について項目ごとに考えたことや、それに関連した自分の体験を書き出してみます。67ページに書き込みましょう。

項目ごとに思いついたことを箇条書きで書き出してみて、それを元に作文の方向性を決めていきましょう。

〈書く内容を考えるときのポイント〉

▼国際化社会で生きていくために必要な姿勢を挙げているか。

例 私は、国際化社会の中で生きていくには、柔軟に対応する姿勢が必要だと考える。

▼異文化理解のために必要なことについて考えられているか。

例 私は、異文化を理解するためには、自分が常識と信じ込んでいることを見つめ直し、無意識的に抱いている偏見や差別を自覚することが必要だと思う。

こう出た！

●次の【資料】は「日本と諸外国との文化交流を進めることの意義」について質問した結果（複数回答）の一部です。これに関して、あとの〈条件〉に従い、〈注意事項〉を守って、あなたの考えを書きなさい。（※資料、条件、注意事項は本書の11ページに掲載）（千葉県）

基本練習

答えはありません。それぞれの例を参考にして書きましょう。アドバイスは108ページ。

66ページの【例題】について、項目ごとに書き出しましょう。

①

A　国際化社会で生きるのに必要な姿勢とは、どんなものか

例 いろいろな文化や価値観があることを理解しようとする姿勢。

B　国際化社会の中では、どんな問題が起こりうると思うか

例 文化や考え方の違いにより、意見がまとまらなかったり、誤解が生まれたりするという問題。

②

A　異文化を理解するのに求められることとはどんなものか

例 自分とは異なる文化や価値観を受け入れる心構え。

B　何か問題が生じたとき、Aで挙げたことを生かして、どのように解決につなげることができると思うか

例 相手の意見や価値観を否定せずにまずは話をよく聞き、そのうえでこちらの考えも伝えて、互いに折り合いをつけること。

ポイント

②―Aで、「共通語である英語の能力を高める」と考える人は多いだろう。だが、いくら言語能力が高くても、個々の姿勢や考えがしっかりしていなければ、異文化をもつ人々と実際に交流することは難しい。他国の人と日常的に関わるうえで、言葉以外にどのような姿勢や考えをもつ必要があるかを、具体的に考えてみよう。

28 よく出るテーマ6 国際化社会と異文化理解②

67ページの①では国際化社会で生きていくために必要な姿勢について、②では異文化を理解するために求められることについて考え、作文に書く内容を決めます。原稿用紙に書き始める前に、どのように書くかを、「書き出し→中心→最後に」の順に書いて整理します。次の下書きメモの例を参考にしてください。

書き出し **設問に簡潔に答えるつもりで書く。**

例 私は、国際化社会で生きるには、いろいろな文化や価値観があることを理解しようとする姿勢が必要だと考える。また、異文化を理解するためには、さまざまな文化や価値観を受け入れることが欠かせないと思う。

中心 **その考えを具体的に説明する。**

〈わかりやすい説明にするための注目ポイント〉

▼国際化社会や、異文化との出会いや交流についての、自分の体験や考えを挙げているか。

▼異文化理解のために必要なことを論理的に説明できているか。

メモの段階では、あとで文章化するときに思い出せるように、キーワードや短い文の形で書いておきましょう。（「中心」の書き方は、次のレッスンでも詳しく説明します。→70ページ）

【「中心」部分のメモの例】

・同じサッカー部の友人も、ブラジルからの移民だ。
・ふとした会話から、考えや習慣の違いに気づくことがある。
・互いにわかり合うためには、個々の考えや感性は異なるものだという前提に立つことが必要だと思う。

最後に **この文章を通して伝えたいことを短くまとめる。**

例 私は、国際化社会の中で生きていくためには、異文化を学び互いの違いを認め合う姿勢と、旧来の価値観にとらわれない柔軟性が求められると考える。

「最後に」では、自分の考えを再度、端的にまとめて示しましょう。メモの段階では、思いついたことを短い言葉で書き出すだけでもかまいません。

答えは108ページ

1 **次のア〜ウは、66ページの【例題】の作文の下書きメモです。「書き出し→中心→最後に」の順になるように並べ替えて、□に記号で答えましょう。**

ア 日本人か外国人かという垣根をなくし、国際化社会も異文化理解も、日常的で身近なこととして受け止め、どんな人とも一人の人間どうしとして互いに尊重し合うことが大切だと思う。

イ 私は、国際化社会では、物事に柔軟に対応する姿勢が必要だと考える。また、異文化を理解するには、自分が常識と信じ込んでいることを見つめ直し、無意識的に抱いている偏見や差別を自覚することだと考える。

ウ 私の街の観光エリアにも、近年外国からの観光客が増加し、時々道を尋ねられることもある。自分の知る限りの英語で道を伝えて、相手に感謝されると、心が通じ合っていると感じてうれしくなる。このように、いろいろな国の人と接する機会は日常化しつつあると思う。

□→□→□

2 **67ページで書いた内容を元にして、「書き出し→中心→最後に」の下書きメモを作りましょう。**

よく出るテーマ6

29 国際化社会と異文化理解③

では、いよいよ69ページで作成した「下書きメモ」を元に、作文を書いていきます。

書き出し は、下書きメモをそのまま使うことができます。

中心 は、箇条書きのメモの状態のままでは未完成なので、読み手に伝わるように文章化していきましょう。名前のとおり、作文の中心となる大事なパートです。作文全体の70％くらいの分量を使って書くようにします。

〈文章にするときのポイント〉

▼自分の考えが伝わるように、具体例や実体験を挙げて説明するようにする。

▼一つの文が長くなり過ぎないように工夫する。

【元のメモ】

- 同じサッカー部の友人も、ブラジルからの移民だ。
- ふとした会話から、考えや習慣の違いに気づくことがある。
- 互いにわかり合うためには、個々の考えや感性は異なるものだという前提に立つことが必要だと思う。

【わかりやすく書き直した例】

例 親しくしている同じサッカー部の友人もブラジル系移民だ。国際試合があるときには、日本とブラジルの両方を応援して盛り上がることもあり、ブラジルのことを知る機会も多い。しかし、ふとした会話から、国ごとの考えや習慣の違いに気づくこともある。いろいろな国や文化、価値観があり、一致することのほうがむしろ少ないのかもしれない。だから、互いにわかり合うためには、個々の考えや感性は異なるものだという前提に立つことが必要だと思う。

最後に も、メモの内容を元に書いていきます。**中心** の内容につながるようにすることと、前向きな姿勢が見えるように肉付けしてまとめることを意識しましょう。

例 私は、国際化社会とはすでに身近にあるものだと感じている。日常的にさまざまな異文化を学び、互いに尊重し合って生きるためには、互いの違いを認め合う姿勢と、歩み寄る柔軟性が求められると考える。

基本練習

答えは108ページ

次の作文を読んで、下の問いに答えましょう。

　私は、国際化社会で生きるには、いろいろな文化や価値観があることを理解しようとする姿勢が必要だと考える。また、異文化を理解するためには、さまざまな文化や価値観を臨機応変に受け入れることが欠かせないと思う。

　私の住む街でも、日本で暮らす外国人の数は年々増えているという。私が親しくしている同じサッカー部の友人も、ブラジル系移民だ。国際試合があるときには、日本とブラジルの両方を応援して盛り上がることもあり、ブラジルのことを知る機会も多い。しかし、ふとした会話から、国ごとの考えや習慣の違いに気づき、はっとすることもある。国際化社会の中で異文化を理解しながら生きるといっても、国ごとに文化や価値観が異なるのは当たり前のことだし、たとえ同じ国の人どうしであっても、意見や感性が一致することのほうがむしろ少ないのではないかと思う。そこで、互いにわかり合うためには、個々の考えや感性は異なるものだという前提に立つことが必要だと思う。そうすれば、自分の意見や価値観が正しいと勘違いすることもないし、相手と意見や価値観が違うことに驚き、相手を否定することもなくなるのではないだろうか。

　私は、国際化社会とはすでに身近にあるものだと感じている。日常的にさまざまな異文化を理解し、互いに尊重し合って生きるためには、互いの違いを認め合う姿勢と、歩み寄る柔軟性が求められると考える。

上の作文の内容に当てはまる言葉を選び、記号を○で囲みましょう。

① 問題で問われたことに対して、
ア 書き出しで端的にまとめて
イ 段落を二つに分けて詳しく
説明している。

② 自分の体験をもとに考えたことから、
ア 具体的な自分の心理分析
イ 具体的に求められる姿勢
に発展させて書けている。

③ 「最後に」では、
ア 新たな意見を挙げて提案して
イ 表現を変えて言葉を補って
まとめている。

別冊12～13ページの原稿用紙に自分の作文を書いてみましょう。

よく出るテーマ7

30 賛否を問われる問題①

提示された意見に対して、自分は賛成なのか反対なのかを明らかにして答える問題も出題されています。手順に沿って【例題】に取り組んでみましょう。

こんなふうに出る！

【例題】『高校生活においては、苦手な分野を克服することよりも、得意な分野を伸ばすことに力を注ぐべきである』という意見に対して、あなたは賛成ですか、それとも反対ですか。はじめに賛成か反対かを明らかにしたあと、そう考えた理由を述べ、四百字以内でまとめなさい。

ここを見ている！

▼賛成か反対か、自分の立場を明らかにしているか。
▼自分がその立場を取った理由を説明できているか。

では、【例題】についての自分の立場やその理由を書き出してみます。73ページに書き込みましょう。

項目ごとに思いついたことを箇条書きで書き出してみて、それを元にどちらの立場で書くかを決めていきましょう。

〈どちらの立場で書くかを決めるときのポイント〉

▼自分がなぜその立場を取ったのか、端的に説明できるか。

例 自分が苦手なことにも積極的に取り組むことで、忍耐力を養うことができると考えるからだ。（反対の例）

▼根拠となる理由を、説得力をもって説明できるか。

例 苦手だからといって放置していたら、できることとできないことに差ができ、バランスが取れないのではないだろうか。（反対の例）

こう出た！

●中学校の生徒会役員であるAさんとBさんは、小学六年生に向けた学校紹介の実施方法について話している。AさんとBさんの意見のどちらがよいと考えるか。あなたの考えを国語解答用紙(2)に二百字以上二百四十字以内で書きなさい。

（※条件と資料は省略）

（栃木県）

基本練習

答えはありません。それぞれの例を参考にして書きましょう。アドバイスは108ページ。

72ページの【例題】について、項目ごとに書き出しましょう。

①

A 苦手な分野を克服することのメリットは何か

例 苦手なことに取り組む忍耐力を身につけられること。

B 苦手な分野の克服に時間を使うことのデメリットは何か

例 本当に取り組むべき得意な分野に使う時間が減ること。

②

A 得意な分野を伸ばすことのメリットは何か

例 自分の実力を発揮しやすくなり、選択肢が広がること。

B 得意な分野を伸ばすことのみに時間を使うデメリットは何か

例 苦手な分野が置き去りになり、バランスが悪くなること。

③

A 「苦手な分野の克服より、得意な分野を伸ばすことに力を注ぐ」ことに賛成の場合、その理由は何か

例 専門性を極めることができ、その道のスペシャリストになる道が開けるかもしれないから。

B 「苦手な分野の克服より、得意な分野を伸ばすことに力を注ぐ」ことに反対の場合、その理由は何か

例 苦手だからといって回避していたら、何か壁に直面したときに克服しようという意欲が育たないから。

ポイント

問題文に条件が示されている場合、その条件を見落とさないように注意しよう。この例題では、①賛成か反対かを明らかにする、②その理由を述べる、という順番を守って文章の構成を考えるようにする。時間が取れるときに、自分が採用しなかった側の立場でも作文を書いてみると、実力をつけることにつながる。

31 よく出るテーマ7 賛否を問われる問題②

73ページの①・②で、「苦手な分野を克服すること」「得意な分野を伸ばすことに力を注ぐこと」のメリット・デメリットを整理したら、③のAとBのどちらの立場で書くか決めましょう。

そして、原稿用紙に書き始める前に、どのような順番で書くかを、「書き出し→中心→最後に」の順に書いて整理します。次の下書きメモの例を参考にしてください。

書き出し **自分の立場を明らかにする。**

例 私は、「得意な分野を伸ばすことに力を注ぐべきである」という意見に賛成である。

中心 **自分がその立場を採用した理由を具体的に説明する。**

〈わかりやすい説明にするための注目ポイント〉

▼自分がなぜその意見に賛成なのかをきちんと説明できているか。

▼理由として挙げたことが、納得できる内容になっているか。

メモの段階では、あとで文章化するときに思い出せるように、キーワードや短い文の形で書いておきましょう。（「中心」の書き方は、次のレッスンでもくわしく説明します。→76ページ）

【「中心」部分のメモの例】

- 得意なことに取り組む時間を増やすほうが有意義である。
- 得意なことを伸ばすことで、自信が生まれる。
- 得意なことを伸ばせば専門性を高めることができ、その道のスペシャリストになる道も開ける。

最後に **この文章を通して伝えたいことを短くまとめる。**

例 得意なことを伸ばすほうが自信につながり、専門性を高めることができると考えた。だから、私は問題で提示された意見に賛成である。

このテーマの「最後に」では、自分の立場を再度示しましょう。意見の内容や自分が挙げた理由のポイントを簡単に挙げても構いません。

基本練習

答えは109ページ

1 次のうち、72ページの【例題】で「賛成」する理由を説明する文として適切なほうを選んで、記号で答えましょう。

ア　なぜなら、得意な分野に時間を注がず、充分に能力を伸ばすことができなければ、将来社会で活躍する可能性を狭めてしまうと思うからだ。

イ　なぜなら、本当に取り組むべき得意な分野に使う時間が減ることは、苦手な分野に取り組む時間を増やすことと同じだからだ。

□

2 次のうち、72ページの【例題】で「反対」する理由を説明する文として適切なほうを選んで、記号で答えましょう。

ア　なぜなら、苦手だからといって何の努力もせずに回避していたら、何か壁に直面したときに常に逃げ続ける卑きょうな人間になってしまうからだ。

イ　なぜなら、苦手な分野をどうにか克服しようと努力することは、将来何か壁に直面したときにどう切り抜けるかを考える力につながると思うからだ。

□

3 73ページで書いた内容を元にして、「書き出し→中心→最後に」の下書きメモを作りましょう。

書き出し

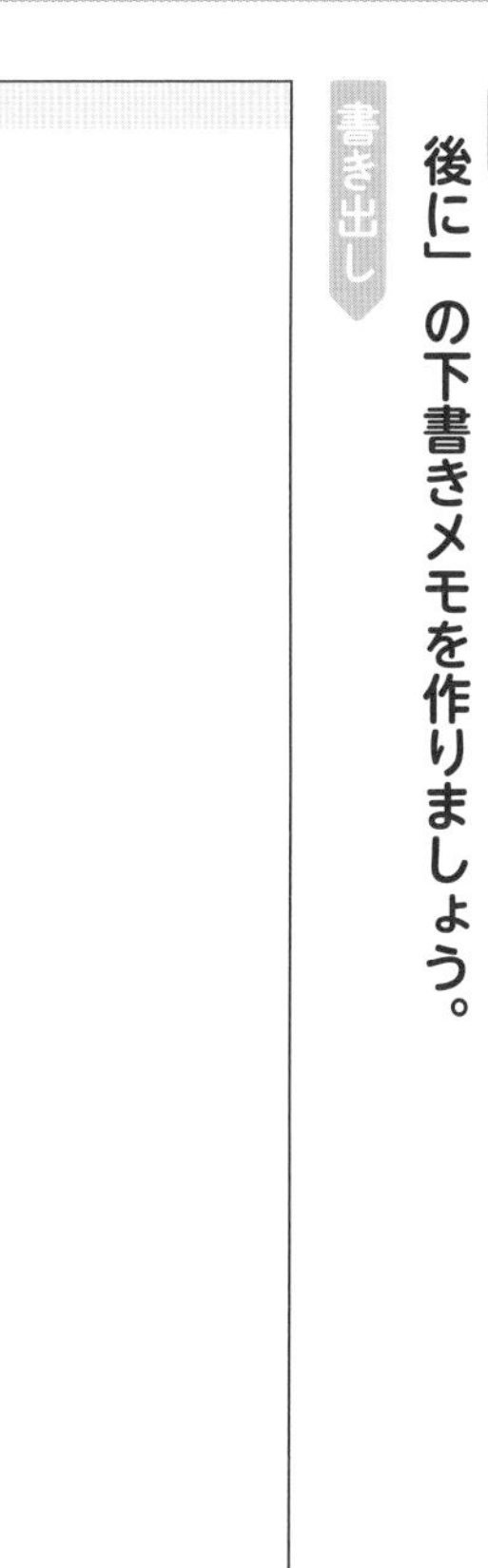

中心

最後に

よく出るテーマ7

32 賛否を問われる問題③

では、いよいよ75ページで作成した「下書きメモ」を元に、作文を書いていきます。

書き出しは、下書きメモをそのまま使うことができます。

中心は、箇条書きのメモの状態のままでは未完成なので、読み手に伝わるように文章化していきましょう。名前のとおり、作文の「中心」となる大事なパートです。作文全体の70％くらいの分量を使って書くようにします。

〈文章にするときのポイント〉

▼「なぜなら～からだ」のような、理由を説明する書き方をする。

▼複数の理由を挙げる場合、「一つ目は」「二つ目は」などと順序を示して、わかりやすく書く。

【元のメモ】

・得意なことに取り組む時間を増やすほうが有意義である。
・得意なことを伸ばすことで、自信が生まれる。
・得意なことを伸ばせば専門性を高めることができ、その道のスペシャリストになる道が開ける。

【わかりやすく書き直した例】

例 一つ目の理由は、苦手なことの克服のために時間を費やすよりも、得意なことに取り組む時間を増やすほうが有意義であると考えるからだ。誰でも、得意なことのほうが苦痛なく集中して取り組むことができる。そうして得意なことを伸ばすことで、自信が生まれるのではないだろうか。二つ目の理由は、得意なことを伸ばせば専門性を高めることができ、その道のスペシャリストになる道も開けると考えるからだ。誰にも負けないといえるくらい、得意な分野を伸ばすことができれば、それが将来の職業にもつながるのではないかと思う。

最後にも、メモの内容を元に書いていきます。中心の内容につながるようにし、再度自分の立場を明らかにしましょう。

例 以上のように、得意なことを伸ばすほうが自信につながり、専門性を高めることができると考えたことから、私は、問題で提示された意見に賛成である。

基本練習

答えは109ページ

次の作文を読んで、下の問いに答えましょう。

私は、「苦手な分野を克服するよりも、得意な分野を伸ばすことに力を注ぐべきである」という意見に反対である。

そう考える理由は二つある。一つ目の理由は、自分が苦手なことにも積極的に取り組むことで、忍耐力を養うことができると考えるからだ。今後の人生で自分が好きなこと、気が向くこと以外にも取り組まねばならないこともあるだろう。仮に得意なことであったとしても、時には壁に直面することもあるだろう。そんなとき、どうやったら克服できるかを考えながら取り組む姿勢は大切だ。二つ目の理由は、苦手だからといって放置していたら、できることとできないことに差ができ、将来の進学先や職業の選択肢が狭まるのではないかと思うからだ。やりたいことが見つかっても、苦手なことのためにその道をあきらめることにもなりかねない。

以上のように、苦手なことにも取り組むほうが忍耐力を養え、バランスの取れた人間に成長できると考えたことから、私は、問題で提示された意見に反対である。

上の作文の内容に当てはまる言葉を選び、記号を○で囲みましょう。

① 条件に従って、提示された意見に対して、
ア 賛成であると
イ 反対であると
最初に自分の立場を明らかにしている。

② 自分がその立場を取る理由を、
ア 順序を表す言葉や接続語を使って
イ 自分の考えを繰り返し主張して
わかりやすく伝わるように書けている。

③ 最後に、自分の取る立場とその理由を、
ア 新たな考えを提示して
イ 端的に繰り返して
まとめている。

別冊14～15ページの原稿用紙に自分の作文を書いてみましょう。

33 グラフや資料のある問題（表・棒グラフ）①

よく出るテーマ8

こんなふうに出る！

【例題】次の資料㋐・㋑は、青少年のインターネットの利用状況についての調査結果をまとめたものです。これらの表やグラフを見て気づいた点を二百字程度で書きなさい。そして、利用に向けての注意点に対するあなたの考えを四百字程度で書き、全体を六百字以内でまとめなさい。

		投稿やメッセージ交換をする	ニュースをみる	検索する	地図を使う	音楽を聴く	動画を見る	ゲームをする	勉強をする
いずれかの機器	総数(n=3183)	69.9%	51.9%	84.5%	45.1%	75.1%	92.9%	83.0%	72.1%
	小学生(10歳以上)(n=951)	43.0%	32.4%	74.1%	20.3%	51.9%	88.1%	86.2%	70.0%
	中学生(n=1211)	74.6%	55.9%	87.4%	45.1%	79.9%	93.9%	84.9%	71.2%
	高校生(n=1008)	89.8%	65.5%	91.2%	68.3%	91.0%	96.2%	77.9%	75.6%
スマートフォン	総数(n=2370)	80.9%	44.0%	83.6%	50.1%	78.5%	86.3%	69.6%	43.4%
	小学生(10歳以上)(n=417)	55.6%	18.9%	65.9%	16.8%	49.2%	68.6%	64.7%	20.4%
	中学生(n=955)	82.2%	42.6%	84.7%	45.8%	79.0%	85.7%	70.4%	41.4%
	高校生(n=987)	90.4%	55.7%	90.2%	68.3%	90.5%	94.4%	70.8%	55.1%
GIGA端末	総数(n=2055)	6.5%	10.9%	61.6%	11.3%	6.2%	15.5%	4.5%	79.8%

▲資料㋐　青少年のインターネット利用内容（一部省略）

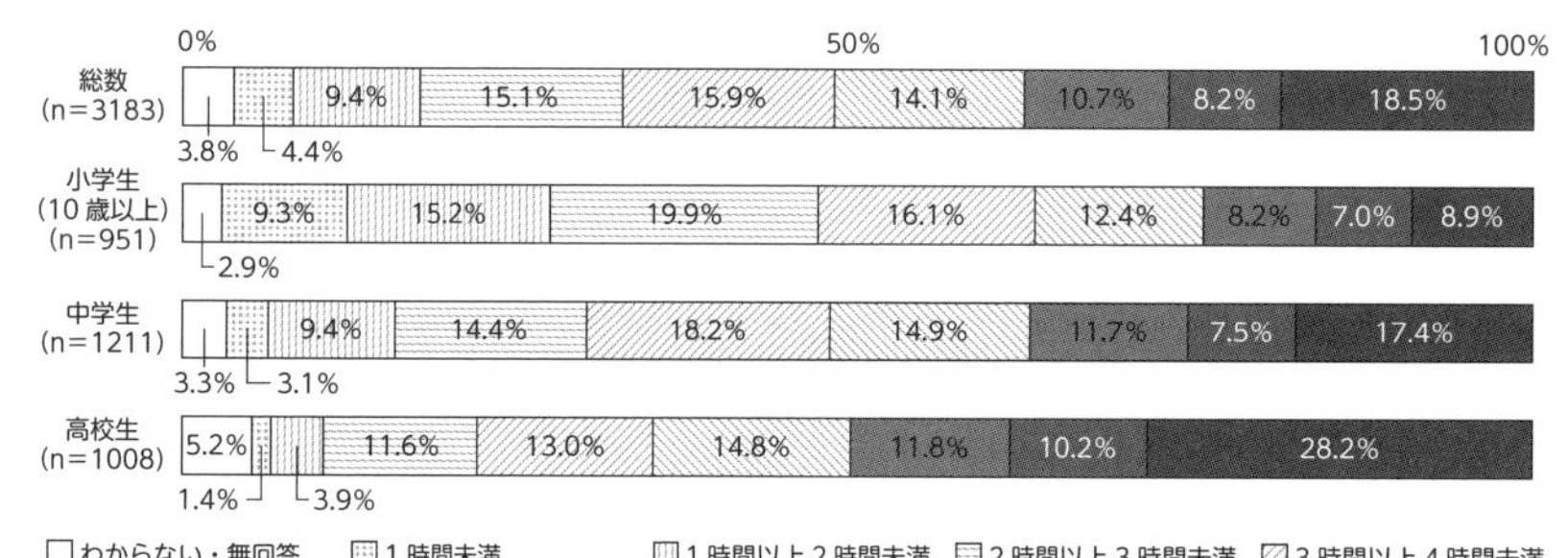

▲資料㋑　青少年のインターネットの利用時間（利用機器の合計／平日1日あたり）

令和4年度　青少年のインターネット利用環境実態調査（内閣府）より

ここを見ている！

▼設問文に提示された条件を、正しく読み取れているか。

①二つの資料を見て気づいた点をまとめる。

②①を踏まえた注意点に対する自分の考えをまとめる。

▼二つの資料に表れた特徴を読み取れているか。

▼二つの資料で気づいたことから、どのような問題点と注意点を見いだしたかを説明できているか。

こう出た！

インターネットや情報機器に関する出題は多いです。ほかにも、貧困問題、ジェンダーに関する問題、人口減少など社会課題に関するテーマも頻出です。

基本練習

答えはありません。それぞれの例を参考にして書きましょう。アドバイスは109ページ。

表やグラフを見て気づいたことや自分の考えを、項目ごとに書き出しましょう。

① 資料㋐・㋑を見て気づいたこと（思いつく限り挙げること）

A 資料㋐を見てどんなことに気づいたか

例 どの年代も動画視聴の割合が高いこと。

B 資料㋑を見てどんなことに気づいたか

例 7時間以上の利用の割合が、年代を追うごとに高まること。

ポイント

グラフを読み取る際には、次のことに気をつけよう。

①特に数値が大きい（小さい）ところはあるか。

②資料の数値に急激な変化はあるか。（年度ごとの折れ線グラフや棒グラフなどが含まれる場合）

③資料には、全体的にどんな傾向があるか。

② 資料㋐・㋑から、どんなことが問題点だと感じるか

A 資料㋐を見て感じた問題点

例 どの年代も、勉強以外のことでスマートフォンを利用する割合が高い点。

B 資料㋑を見て感じた問題点

例 小学生でも、インターネット利用時間が3時間以上の人が半数いる点。

③ ①・②を踏まえ、注意点としてどんなことを考えるか

例 長時間スマートフォンでインターネットを利用することで、依存や健康被害が生じないように気をつけること。

34 グラフや資料のある問題（表・棒グラフ）②

よく出るテーマ8

「表やグラフを見て気づいた点と自分の考えを述べる」という78ページの【例題】の指示に従って、79ページの項目から下書きメモを作りましょう。メモの段階では、あとで文章化するときに思い出せるように、キーワードや短い文の形で書いておきましょう。（中心の書き方は、次のレッスンでもくわしく説明します。→82ページ）

〈わかりやすい説明にするための注目ポイント〉
▼二つの資料をきちんと読み取って考えているか。
▼二つの資料を踏まえた問題点をわかりやすく挙げているか。
▼利用に向けてどんな注意点があるかを検討できているか。

書き出し **資料を見て気づいたことをまとめる。** ※二百字程度

・資料㋐から、どの年代も動画視聴の割合が最も高いことがわかる。
・資料㋐から、どの年代もコミュニケーションの手段としての利用や、検索のために使っている割合も高いことがわかる。
・資料㋑から、7時間以上インターネットを利用する割合が、年代を追うごとに増えていることがわかる。
・資料㋑から、どの年代も3時間以上インターネットを利用する割合は、5割を超えていることがわかる。

中心 **問題点と、それに対する注意点を書く。**
※「中心」と「最後に」を合わせて四百字程度。

【「中心」部分のメモの例】

・どの年代も、勉強以外のことでスマートフォンを利用する割合が高く、勉強時間が削られているのではないか。
・どの年代も、インターネットの利用時間が長い人が多く、日常生活がおろそかになっている可能性も考えられる。
・長時間スマートフォンでインターネットを利用することで、依存や健康被害などが生じないように気をつける。

最後に **注意点や自分との関わりについてまとめる。**

例 私は、インターネットを適切に使いこなすことや、日常生活や健康に悪影響を与えないようにすることの必要性を痛感した。

基本練習

答えは109ページ

1 **次のうち、78ページの【例題】で提示された資料㋐・㋑の内容を説明した文として合わないものを一つ選び、□に記号で答えましょう。**

ア 資料㋐では、青少年がどんなことでインターネットを利用しているかが具体的にわかる。

イ 資料㋑からは、青少年のインターネットの利用時間のうち、中学生・高校生の利用時間がかなり長いことがわかる。

ウ 資料㋐・㋑とも、年代によって数値に多少の差はあれど、上位に来ている回答に大きな違い（ちが）はない。

□

2 **次のうち、スマートフォンやインターネットを利用する際の注意点を述べる内容として合わないものを一つ選び、□に記号で答えましょう。**

ア スマートフォンやインターネットを長時間利用することで、深刻な依存（いぞん）を引き起こす症例（しょうれい）も見られる。

イ 「歩きスマホ」をしていて周囲に対して不注意になり、事故が起こることもある。

ウ スマートフォンやインターネットへの不信感が強まり、情報機器への拒絶（きょぜつ）感を示す人が増えている。

エ 不特定多数の人と交流できるSNSのデメリットは、何らかの犯罪に巻き込まれる危険性もあることだ。

□

3 **79ページで書いた内容を元にして、「書き出し→中心→最後に」の下書きメモを作りましょう。**

書き出し

中心

最後に

35 グラフや資料のある問題（表・棒グラフ）③

よく出るテーマ8

では、81ページで作成した「下書きメモ」を元に、作文を書いていきましょう。

書き出し の資料を見て気づいた点は、下書きメモを元にまとめるようにします。読み取った内容のすべてを書く必要はなく、「中心」で書きたい内容につながるものにしぼって書くようにしましょう。

この【例題】では、気づいた点を二百字程度で書くよう指定がありましたが、グラフや資料のある問題で、細かい字数指定がない場合には、「書き出し」は3割、「中心」は4〜5割、「最後に」は2〜3割を目安に書きましょう。

例 600字の場合…「書き出し」180字、「中心」240〜300字、「最後に」120〜180字

中心 は、箇条書きのメモの状態のままでは未完成なので、読み手に伝わるように文章化していきましょう。「中心」と「最後に」が合わせて四百字程度になるように書きます。※「中心」の元のメモは、80ページを参照。

読み取った内容は具体的に書こう。

【わかりやすく書き直した例】

例 私が二つの資料から感じた問題点は、次の2点である。一つ目は、どの年代も、勉強以外のことでスマートフォンを利用する割合が高く、勉強時間が削られているのではないかということだ。二つ目は、どの年代も、インターネット利用時間が長い人が多く、日常生活がおろそかになっているのではないかということだ。したがって、長時間スマートフォンでインターネットを利用する際の注意点として、依存や健康被害が生じないように気をつける必要があると考える。

最後に も、メモの内容を元に書いていきます。中心 の内容につながるようにすることと、前向きな姿勢が見えるように肉付けしてまとめることを意識しましょう。

例 私は、資料からインターネットを適切に使いこなすことの大切さを痛感し、自分自身も日常生活や健康に悪影響が及ばない使い方を意識しようと思った。

基本練習

答えは別冊109ページ

次の作文を読んで、下の問いに答えましょう。

資料㋐からは、どの年代も動画視聴の割合が最も高いことや、検索のために使っている割合も高いことがわかる。また、中学生・高校生は、コミュニケーションの手段としての利用の割合も高いことがうかがえる。資料㋑からは、7時間以上インターネットを利用する割合が、年代を追うごとに増えていることと、どの年代も3時間以上インターネットを利用する割合が5割を超えていることがわかる。

私がこの二つの資料から感じた問題点は、次の二点である。一つ目は、どの年代も、勉強以外のことでスマートフォンを利用する割合が高く、勉強時間が削られているのではないかということだ。二つ目は、どの年代も、インターネットの利用時間が長い人が多く、日常生活がおろそかになっているのではないかということだ。したがって、長時間スマートフォンでインターネットを利用する際の注意点として、依存や健康被害が生じないように気をつける必要があると考える。

現代社会では、深刻なスマートフォンやインターネット依存や、情報機器の使いすぎによる睡眠不足や睡眠障害が起こっている。利用時間を決めてそれを守るようにするなど、日常生活に害を及ぼさないように、自らを律する必要性があるのではないだろうか。

私は、資料からインターネットを適切に使いこなすことの大切さを痛感し、自分自身も日常生活や健康に悪影響が及ばない使い方を意識しようと思った。

上の作文の内容に当てはまる言葉を選び、記号を○で囲みましょう。

① 冒頭の内容が、

ア 資料を見た自分の感想

イ 資料を見て気づいた点

だとわかるように書いている。

② 資料を見て気づいた問題点を、

ア 順序を表す言葉

イ たとえを表す言葉

を使ってわかりやすく書けている。

③ どんなことに注意が必要か、

ア 具体的な対策をもとに

イ 自分の体験をもとに

まとめている。

別冊16～17ページの原稿用紙に自分の作文を書いてみましょう。

36 グラフや資料のある問題（円グラフ・棒グラフ）①

よく出るテーマ9

こんなふうに出る！

【例題】近年、海外から安い衣類が大量に輸入されるようになり、気軽に衣類を購入してはすぐに手放す人も増加しています。次の資料㋐〜㋒は、衣類を手放す手段とその理由や、サステナブル（持続可能な）ファッションへの関心度を示したものです。これらの表やグラフを見て気づいた点を二百字程度で書きなさい。そして、衣類に関する現状を改善し、日常的に行う対策として有効だと考えられることを四百字程度で書き、全体を六百字以内でまとめなさい。

古着として販売　11%
譲渡・寄付　3%
地域・店頭での回収　11%
資源回収　7%
可燃ごみ・不燃ごみとして廃棄　68%

▲資料㋐：衣類を手放す手段の分布

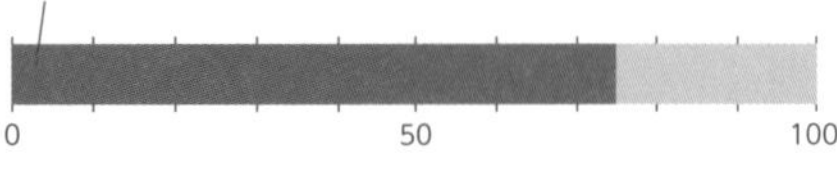

▲資料㋑：衣類を可燃ごみ・不燃ごみとして廃棄する理由

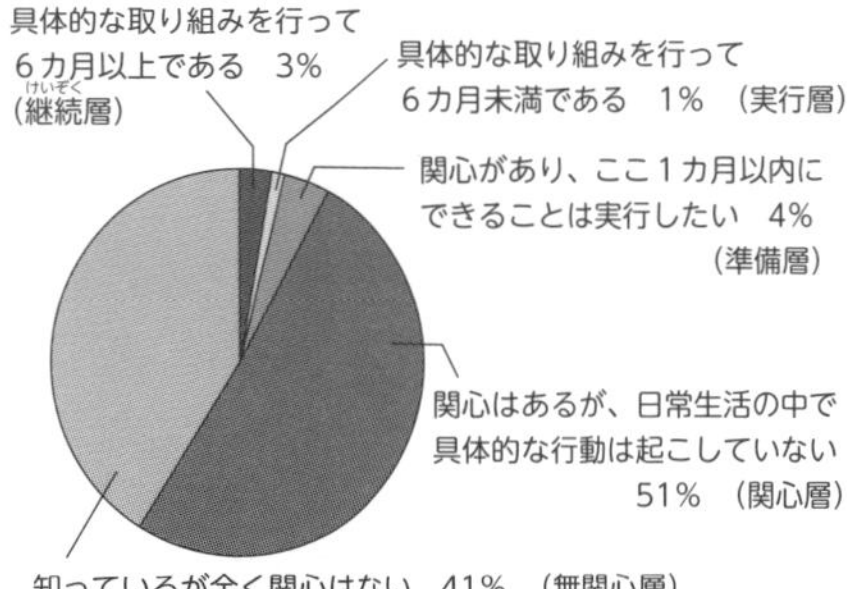

▲資料㋒：サステナブルファッションへの関心割合

すべて「サステナブルファッション」（環境省）より。
https://www.env.go.jp/policy/sustainable_fashion/

ここを見ている！

▼設問文に提示された条件を、正しく読み取れているか。
①三つの資料を見て気づいた点をまとめる
②①を踏まえて、現状を改善するための自分の考えをまとめる
▼三つの資料に表れた特徴を読み取れているか。
▼三つの資料で気づいたことから、どのような改善点や対策を見いだしたかを説明できているか。

こう出た！

再生可能エネルギー、二酸化炭素の排出量、食品ロスなど、環境問題に関連する出題は頻出です。

基本練習

答えはありません。それぞれの例を参考にして書きましょう。アドバイスは109ページ。

84ページの【例題】について、項目ごとに書き出しましょう。

①資料㋐〜㋒を見て気づいたこと（思いつく限り挙げること）

A 資料㋐・㋑を見てどんなことに気づいたか

例 衣類がごみとして廃棄される割合が68％と高い。

B 資料㋒を見てどんなことに気づいたか

例 サステナブルファッションへの関心があっても、実際に行動に移している人は、合わせて8％と少ない。

ポイント
グラフを読み取る際には、次のことに気をつけよう。
①特に数値が大きい（小さい）ところはあるか。
②資料の数値に急激な変化はあるか。（年度ごとの折れ線グラフや棒グラフなどが含まれる場合）
③資料には、全体的にどんな傾向があるか。

②資料㋐〜㋒から、どんなことが問題だと感じるか

A 資料㋐・㋑を見て感じた問題点

例 衣類をごみとして廃棄するのは、楽だからという理由が多い点。

B 資料㋒を見て感じた問題点

例 サステナブルファッションに関心がない人も4割いる点。

③①・②を踏まえ、改善点や対策としてどんなことを考えるか

例 資源回収や古着として売るといった手段をもっと手軽に利用できる状況にすること。／むやみに衣類を買わないこと。

37 グラフや資料のある問題（円グラフ・棒グラフ）②

よく出るテーマ9

「表やグラフを見て気づいた点と対策を述べる」という84ページの【例題】の指示に従って、85ページの項目から下書きメモを書きましょう。メモの段階では、あとで文章化するときに思い出せるように、キーワードや短い文の形で書いておきましょう。

（中心の書き方は、次のレッスンでも詳しく説明します。→88ページ）

書き出し **資料を見て気づいたことをまとめる。** ※二百字程度

・資料㋐から、衣類をごみとして廃棄する割合が圧倒的に高いことがわかる。
・資料㋐から、衣類が資源回収される割合や古着として販売される割合は、わずか32％と低いことがわかる。
・資料㋑から、衣類をごみとして廃棄するのは、楽だからという理由が75％を占めていることがわかる。
・資料㋒から、サステナブルファッションに興味があっても何も行動していない人と、関心がない人で大半を占めることがわかる。

中心 **改善点と、考えられる対策を書く。**

※「中心」と「最後に」を合わせて四百字程度。

〈設問に合った説明をするための注目ポイント〉

▼三つの資料をきちんと読み取って考えているか。
▼三つの資料を踏まえた改善点をわかりやすく挙げているか。
▼どんな対策が考えられるかを検討できているか。

【「中心」部分のメモの例】

・衣類を手放すのに手間や費用がかからない形で、資源回収したり古着として再利用したりできる状況を整える。
・サステナブルファッションについて多くの人に知ってもらい、実際に日常生活に取り入れやすい体制を作る。
・むやみに衣類を購入しない、すぐに廃棄せず長く着るつもりで選ぶという習慣をつける。

最後に **改善点や対策と自分の関わりについてまとめる。**

例 衣類を廃棄する際には資源回収などを活用し、衣類を購入する際にはむやみに買わず、本当に気に入ったものを丁寧に選ぶようにしたい。

基本練習

答えは109ページ

1 次のうち、84ページの【例題】で提示された資料㋐〜㋒の内容を説明した文として合わないものを一つ選び、□に記号で答えましょう。

ア 資料㋐で最も割合が高かった回答に関して、資料㋑ではその理由が提示されている。

イ 資料㋑で最も割合が高かった回答に関して、資料㋒ではさらに詳しく分析したデータが提示されている。

ウ 資料㋒では、㋐・㋑とは別の観点で調査されたデータが提示されている。

□

2 次のうち、サステナブル（持続可能な）ファッションの説明として合わないものを一つ選び、□に記号で答えましょう。

ア 品質がよく、長く着られるような衣類を選ぶ。

イ なるべく安く、手軽に購入できるような衣類を選ぶ。

ウ 衣類を適切に手入れし、ボタンの付け替えなどのお直しをするなどして、大切に扱う。

エ 衣類のレンタルや古着を活用して、新品を購入する以外にもおしゃれの楽しみ方を身につける。

□

3 85ページで書いた内容を元にして、「書き出し→中心→最後に」の下書きメモを作りましょう。

書き出し

中心

最後に

38 よく出るテーマ9 グラフや資料のある問題（円グラフ・棒グラフ）③

では、87ページで作成した「下書きメモ」を元に、作文を書いていきましょう。

書き出しの資料を見て気づいた点は、下書きメモを元にまとめるようにします。読み取った内容のすべてを書く必要はなく、「中心」で書きたい内容につながるものにしぼって書くようにしましょう。

この【例題】では、気づいた点を二百字程度で書くよう指定がありましたが、グラフや資料のある問題で、細かい字数指定がない場合には、「書き出し」は3割、「中心」は4～5割、「最後に」は2～3割を目安に書きましょう。

例 600字の場合…「書き出し」180字、「中心」240～300字、「最後に」120～180字

中心は、箇条書き（かじょうがき）のメモの状態のままでは未完成なので、読み手に伝わるように文章化していきましょう。「中心」と「最後に」が合わせて四百字程度になるように書きます。※「中心」の元のメモは、86ページを参照。

【わかりやすく書き直した例】

例 改善点として次の二点を挙げたい。まず、資料㋐・㋑から考えたこととしては、衣類を手放すのに手間や費用がかからない形で、資源回収したり古着などの形で再利用したりできる状況（じょうきょう）を整えることだ。次に、資料㋒から考えたこととしては、サステナブルファッションについてもっと多くの人が知り、実際に日常生活に取り入れやすい体制を作ることだ。日常的に行うと有効な対策としては、「むやみに衣類を購入（こうにゅう）しない」「すぐに廃棄（はいき）せず長く着るつもりで選ぶという習慣をつける」ということを提案する。

最後にも、メモの内容を元に書いていきます。中心の内容につながるようにすることと、前向きな姿勢が見えるように肉付けしてまとめることを意識しましょう。

例 私は、衣類を廃棄する際には資源回収などを活用したいと思った。また、衣類を購入する際には、むやみに買わず、本当に気に入ったものを丁寧（ていねい）に選ぶ姿勢をもつことが大切だと感じた。

基本練習

答えは109ページ

次の作文を読んで、下の問いに答えましょう。

資料㋐からは、衣類をごみとして廃棄している人が68%と圧倒的に高いこと、衣類が資源回収される割合や古着として販売される割合は、それぞれ10%程度と思いのほか低いことがわかる。また、資料㋑から、衣類をごみとして廃棄するのは楽だからという理由が75%を占めていることがわかる。資料㋒からは、持続可能なサステナブルファッションに興味があっても、実際には何も行動していない人と、関心がない人で9割以上を占めていることが見えてくる。

三つの資料に表れた現状の改善点として、次の二点を挙げたい。まず、資料㋐・㋑を見て考えたこととしては、衣類を手放すのに手間や費用がかからない形で、資源回収したり古着などの形で再利用したりできる状況を整えることである。次に、資料㋒を見て考えたこととしては、サステナブルファッションについてより多くの人が知り、実際に日常生活に取り入れやすい体制を作ることだ。日常的に行うと有効な対策としては、消費者一人一人が「むやみに衣類を購入しない」「すぐに廃棄せず長く着るつもりで選ぶ」ことを意識し、習慣化することを提案する。

私は、衣類を廃棄する際には、これまで自分が意識してこなかった資源回収などの活用を実践したいと思った。また、衣類を購入する際には、安いから・欲しいからといって買ってしまいがちだが、本当に気に入ったものを選ぶことを意識し、衣類を大切に着る姿勢をもつことが大切だと感じた。

上の作文の内容に当てはまる言葉を選び、記号を○で囲みましょう。

① 資料を見て気づいたことを、
ア 自分の意見や感想
イ 具体的な数値
を挙げて書いている。

② 資料を見て気づいた改善点を、
ア 資料の内容ごとに分けて
イ 全資料に共通することを挙げて
書けている。

③ 日常的な対策として、
ア 斬新で画期的なこと
イ 誰でも行いやすいこと
を具体的に挙げている。

別冊18〜19ページの原稿用紙に自分の作文を書いてみましょう。

39 課題文を読んで書く問題（六百字）①

よく出るテーマ10

こんなふうに出る！

【例題】次の文章を二百字程度で要約しなさい。そして、これまであなたが体験したことのある地域活動や、今後どのような地域貢献ができるかについて挙げ、地域貢献に対するあなたの思いを四百字程度で書き、全体を六百字以内でまとめなさい。

少子高齢化となって久しい日本ですが、地域への貢献や地域の活性化を目的として、実に多種多様な地域活動が考案され、実践されています。活動の主体となっているのは、地域や学校、保護者、学生などさまざまです。今回は、中高生による取り組みの例をご紹介しましょう。

ある中学校では、合唱部を中心として、市内の敬老会や高齢者施設で合唱を披露しています。曲目は、高齢者世代から子どもたちにまでなじみのある童謡を中心に構成するよう工夫しているとのことです。季節ごとに定期的・継続的に開催されており、地域住民なら誰でも参加できるようになっています。時には近隣の保育園児が参加することもあり、世代を超えた交流を楽しめる場が生まれました。

また、ある商業高校では、次第にシャッター街となりつつあった商店街の活性化のため、空き店舗を活用して、この地域や商店街の歴史を紹介する常設展示スペースを設けました。古くからの住民や商店街の方々から昔の写真を借りたり話を聞いたりして完成させた展示物を見に、これまであまり商店街に足を運ばなかった新興住宅地の転入者も訪れているとのことです。また、農業高校にも声をかけ、地元でとれた野菜や、その野菜を使ったクッキーやマフィンを販売したのも、多くの人に興味を抱かせ足を運ばせた要因となりました。

このように、さまざまな世代の住民が継続的に参加できる場を設けることができると、理想的でしょう。

ここを見ている！

▼設問文に提示された条件を、正しく読み取れているか。

①課題文の内容を要約する

②課題文の例を参考に、自分の体験談や、今後考えられる活動を挙げる

③地域貢献への思いをまとめる

▼体験して感じたことや、今後なぜその活動をしたいと思ったか。

▼体験談や今後考えられることと、自分の思いを結びつけているか。

こう出た！

課題文では、「自己」「他者」「公共」などの抽象的なテーマが扱われる場合もあれば、例題のように「地域貢献」といった具体的なテーマもあります。

基本練習

①の答えは110ページ。②・③の答えはありません。それぞれの例を参考にして書きましょう。

90ページの【例題】の課題文から読み取れることや、地域活動に関する自分の体験を、項目ごとに書き出しましょう。

① 課題文から読み取って書き抜く

A 多種多様な地域活動は、何を目的として行われているか

B 二つの活動例に共通することとして、どのようなことが紹介されているか

② これまでの体験談や今後考えられる活動

A いつ、どんな体験をし、どう感じたか

例 中二の夏休みに、地元の海岸のゴミ拾い活動に参加した。地域の役に立つことをうれしいと感じた。

B 今後どのような活動が考えられるかと、その理由

例 地域のお年寄りを講師に招いて、いろいろな郷土料理の作り方を習うこと。食文化に興味があり、自分でも作れるようになりたいから。

③ 地域貢献に対してどのように思うか

例 自分が得意とする分野や、興味のある分野で、楽しみながら関わることが大切だと思う。

課題文の内容をとらえつつ、自分の体験や考えと結びつけて書くことが求められる。提示された問題に対して自分自身はどのように関わっていこうとしているのかという、前向きな意欲を示せるようにするとよい。よく出るテーマに関する自分の体験や考えを、あらかじめ整理しておくようにしよう。

40 課題文を読んで書く問題（六百字）②

よく出るテーマ10

「課題文を要約してからあなたの体験や考えを述べる」という90ページの【例題】の指示に従って、91ページの項目から下書きメモを書きましょう。メモの段階では、あとで文章化するときに思い出せるように、キーワードや短い文の形で書いておきましょう。

書き出し **課題文の内容を要約する。** ※二百字程度

〈要約する際の手順のポイント〉

①課題文のキーワードや筆者の主張に印をつける。
②字数が多い場合は、指定字数内に収まるように短く言い換える。
③筋道の通った要約になるように、書く順番を変更するなどして、筆者の主張がわかりやすく伝わるように工夫する。

〈課題文のポイントとなる内容〉

▼地域貢献や地域活性化を目的として地域活動が行われている。
▼地域活動においては、さまざまな世代の住民が継続的に参加できる場を設けることができると、理想的である。

中心 **体験談や、今後考えられる活動について書く。**

〈わかりやすい説明にするための注目ポイント〉

▼その活動に参加した理由や、その活動を今後行いたいと思った理由をしっかり示せているか。
▼今後行いたい活動について、何をどうするのか、具体的にわかりやすく説明できているか。
▼過去の体験や、今後行う活動の意義を、明確に示せているか。

【「中心」部分のメモの例】

・地元の海岸のゴミ拾いに参加した。
・同じ地域の中学二年生が発起人で興味をもった。
・ゴミの多さを他人事のようにしか思っていなかった。

最後に **地域貢献に対する自分の思いをまとめる。**

例・私は、地元の海岸の清掃体験を通して、自分たちの街は自分たちの手で守り、築き上げるものだと実感した。
・私は、郷土料理の伝承を実現させることで、地域ごとの食文化の素晴らしさを後世に残すことができると考える。

基本練習

答えは110ページ

1 **次のうち、90ページの【例題】の課題文の主張に合うものを一つ選び、□に記号で答えましょう。**

ア 日本各地で均質の地域貢献ができるように、なるべく一定の地域活動のパターンを決めることが有効である。

イ 若い世代が自分の能力を生かせるよう、得意分野を見つけて地域活動に落とし込むことを目的にすべきである。

ウ さまざまな世代の地域の人々が、継続的に集まることができるように、続けやすい地域活動を行うことが理想である。

□

2 **次のうち、「最後に」に書く内容として適切ではないものを一つ選び、□に記号で答えましょう。**

ア 私は、この体験を通して、地域活動は若いうちだけ行い、年を取ってからは貢献される側に立ちたいと思った。

イ 私は、この体験を通して、住民一人一人が地域活動を行い、地域に貢献することの重要性や意義を実感した。

ウ 私は、この体験を通して、地域で貢献できることはたくさんあることを知り、自分なりに活動を続けたいと思っている。

□

3 **91ページで書いた内容を元にして、「書き出し→中心→最後に」の下書きメモを作りましょう。**

書き出し

中心

最後に

よく出るテーマ10

41 課題文を読んで書く問題（六百字）③

では、93ページの「下書きメモ」を元に、作文を書いていきます。

書き出し には、課題文の要約を書きます。

この【例題】では、要約は二百字程度で書くよう指定がありましたが、課題文のある問題で、細かい字数指定がない場合には、「書き出し」は3割、「中心」は4～5割、「最後に」は2～3割が目安です。

例 600字の場合…「書き出し」180字、「中心」240～300字、「最後に」120～180字

中心 は、これまでの書き方を参考にし、具体的な内容がわかるように書きましょう。「中心」と「最後に」が合わせて四百字程度になるように書きます。字数的に、体験談か今後の活動のどちらかを詳しく取り上げるとよいでしょう。

※「中心」の元のメモは92ページを参照。

〈文章にするときのポイント〉

▼問題文に提示された条件に沿った内容になっているか。

▼体験した（あるいは、今後体験したい）地域活動の内容や自分の考え、理由などを具体的に示せているか。

【わかりやすく書き直した例】

例 私が体験したことで印象に残っているのは、中学二年生の夏休みに、地元の海岸のゴミ拾いに参加したことだ。これは、同じ地域の中学二年生が発起人となった活動で、同じ地域の中学校の掲示板に案内と募集のポスターが貼られているのを見つけて興味をもち、参加することにした。今までは犬の散歩で海岸を歩いていても、ゴミの多さを他人事のようにしか思っていなかった。

最後に も、メモの内容を元に書いていきます。**中心** の内容を受けて、自分の地域貢献に対する思いをまとめることを意識しましょう。必ずしも筆者の考えと一致していなくても構いません。

例 私は、地元の海岸の清掃体験を通して、これまで自分の街のことに無頓着で受け身だったと気づいた。そして、自分たちの街は自分たちの手で守り、築き上げるものだということを実感した。

基本練習

答えは110ページ

次の作文を読んで、下の問いに答えましょう。

筆者は、地域活動とは、地域貢献や地域活性化を目的として行われるものだと述べている。そして、多くの地域活動がある中で、中学生による敬老会や高齢者施設での合唱の披露と、高校生による商店街活性化のための常設展示や地元の野菜などの販売を例に挙げている。両者に共通することは、さまざまな世代の住民が継続的に参加できることだと指摘し、そうした場を設けることが地域活動において理想的だと述べている。

私が体験した地域活動で印象に残っているのは、中学二年生の夏休みに、地元の海岸のゴミ拾いに参加したことだ。これは、同じ地域の中学二年生が発起人となった活動で、中学校の掲示板に案内と募集のポスターが貼られているのを見つけて興味をもち、参加することにしたものだ。今までは犬の散歩で海岸を歩いていても、ゴミの多さを他人事のようにしか思っていなかった。当日は三十名ほどの中学生が集まり、午前中の二時間で大きなゴミ袋十袋ほどのゴミを拾うことができた。

私は、地元の海岸清掃の体験を通して、これまで自分が街のことに無頓着で受け身だったことに気づいた。自分と同じ中学生が、自分たちの手できれいにしようと呼びかけてくれたことで、自分たちの街は自分たちの手で守り、築き上げるものだと実感できた。そして、身近なところで、身近な人たちと、思い立ったら気軽に地域活動を行うことができるようになりたいと思うようになった。

上の作文の内容に当てはまる言葉を選び、記号を○で囲みましょう。

① 冒頭の内容が、
ア 課題文の要約
イ 自分の体験談
だとわかるように書いている。

② 自分のこととして、
ア これまで体験した地域活動
イ 今後行いたい地域活動
について書いている。

③ 自分の思いとして、
ア 万人共通の地域活動の在り方
イ 自分なりの地域活動の仕方
を示して結んでいる。

別冊20～21ページの原稿用紙に自分の作文を書いてみましょう。

42 課題文を読んで書く問題（八百字）①

よく出るテーマ11

こんなふうに出る！

【例題】次の文章の「失敗」に対するとらえ方を二百字程度で要約しなさい。そして、それを前提にあなた自身の経験を挙げ、「失敗」に対するあなたの思いを六百字程度で書き、全体を八百字以内でまとめなさい。

物事が思うようにいかなかったとき、想定したより良くない結果を招いてしまったとき、人はそれを「失敗」と呼びます。そして、原因を究明しようとしたり対処方法を考えたりします。大きな失敗であった場合、すっかり懲りてしまい臆病になったり、強い挫折感を味わったりする場合もあります。

しかし、昔から、長い人生の中で、一度も失敗をしなかったという人は一人もいないでしょう。ことわざにも、「失敗は成功のもと」という言葉があります。失敗することがあっても、その経験を生かせば成功につながるという意味です。人生を生き抜くうえで、「失敗は無駄なことではない」という発想が必要だと考えられたため、そのような教えを込めた言葉が生まれたのだと思われます。

また、中国の思想家孔子の言行をまとめた『論語』にも、「過ちて改めざる、これを過ちという」という有名な言葉があります。ここでの「過ち」は「失敗」と同義でしょう。失敗があることを前提に、失敗したあとで、それを改めないことこそが失敗であると言っているのです。近年では、「失敗学」と呼ばれる学問まで誕生しています。立花隆氏が命名し、畑村洋太郎氏が『失敗学のすすめ』という本を著し、二〇〇二年に畑村氏を会長とする「失敗学会」が設立されました。それだけ日常的に失敗は起こりうるものであり、失敗をどのように今後に生かすかは、一つの学問として研究対象となるほど、人生にとって重要で必要であるからだといえます。

ここを見ている！

▼設問文に提示された条件を、正しく読み取れているか。

①課題文の内容を要約する

②課題文の主張を前提に、自分の経験談を挙げる

③自分の思いをまとめる

▼自分の「失敗への向き合い方」が端的に表れた経験談を挙げているか。

▼「失敗」に対する、自分なりの思いを書けているか。

こう出た！

●（藤田正勝「哲学のヒント」を読んで）本文で筆者が述べている「こと」と「もの」の関係を、自分自身の経験を例にして説明しなさい。（抜粋・北海道）

基本練習

96ページの【例題】の課題文から読み取れることや、自分の経験や思いを、項目ごとに書き出しましょう。

①の答えは110ページ。②・③の答えはありません。それぞれ左の例を参考にして書きましょう。

① 課題文から読み取って書き抜く

A 「失敗」したと気づいたとき、どのように対応するか

〔　　　〕

B 「失敗は成功のもと」ということわざが生まれたのには、どのような発想が必要だと考えたためだと述べているか

〔　　　〕

② 自分の「失敗への向き合い方」がわかる体験談

A いつの、どのような失敗体験か

例 中1のとき、部活動の練習試合の待ち合わせ時間を間違えて遅刻し、自分の学校だけでなく、対戦相手の学校にも迷惑をかけたこと。

〔　　　〕

B なぜ、そのような失敗が起きたと思うか

例 待ち合わせ日時が書かれたプリントをきちんと確認して把握していなかったから。

〔　　　〕

C その後、この失敗をどのように生かしたか

例 スケジュールはきちんとメモし、事前に必ず確認するようにした。

〔　　　〕

③ 自分の体験を通して、「失敗への向き合い方」についてどのように思うか

例 同じ失敗を繰り返さないように対処することが大切だと思う。

〔　　　〕

43 よく出るテーマ11 課題文を読んで書く問題（八百字）②

「課題文を要約してからあなたの体験や考えを述べる」という96ページの【例題】の指示に従って、97ページの項目から下書きメモを書きましょう。メモの段階では、あとで文章化するときに思い出せるように、キーワードや短い文の形で書いておきましょう。

書き出し **課題文の内容を要約する。** ※二百字程度

〈要約する際の手順のポイント〉

①課題文のキーワードや筆者の主張に印をつける。
②字数が多い場合は、指定字数内に収まるように短く言い換える。
③筋道の通った要約になるように、書く順番を変更するなどして、筆者の主張がわかりやすく伝わるように工夫する。

〈課題文のポイントとなる内容〉

▼失敗といえる結果を招いたとき、人は原因を究明しようとしたり対処方法を考えたりする。
▼古くから失敗に関することわざや故事成語があるのも、「失敗学」という学問が誕生したのも、失敗を今後に生かすことが重要だからである。

中心 **どんな失敗をしたのかと、その後どうしたかについて書く。**

〈わかりやすい説明にするための注目ポイント〉

▼どんなことが原因で失敗したのかを、自覚できているか。
▼失敗に対して、どのような点に注意し、改めるようにしたか。
▼失敗を生かして、自分が変われたかどうか。

【「中心」部分のメモの例】

・待ち合わせ日時の書かれたプリントを、事前にしっかり確認していなかった。
・自分の問題点を自覚し、必ずスケジュールはメモしたり、こまめに確認したりするようにした。

最後に **「失敗」に対する自分の前向きな思いをまとめる。**

例 私は、この体験を通して、同じ失敗を繰り返さないためにはどうすればよいかを考え、具体的に対処することの大切さを学んだ。

基本練習

答えは110ページ

1 次のうち、96ページの【例題】の課題文の主張に合うものを一つ選び、□に記号で答えましょう。

ア 「後は野となれ山となれ」というように、失敗をいつまでも引きずらず、目先のことをうまくやるよう心がけるべきだ。

イ 「雨垂れ石をうがつ」というように、失敗を忘れず、欠点を改善できるまで毎日思い返して反省し改善すべきだ。

ウ 「禍(わざわい)転じて福と為(な)す」というように、失敗を生かして、今後よい結果につなげられるよう行動すべきだ。

□

2 次のうち、「最後に」に書く内容として適切なものを一つ選び、□に記号で答えましょう。

ア 私は、この体験を通して、失敗が人生を狂(くる)わせる怖(こわ)さを知り、失敗はしないにこしたことはないと考えるようになった。

イ 私は、この体験を通して、一度や二度の失敗に懲(こ)りずに、問題点を振(ふ)り返って改善することが必要だと思った。

ウ 私は、この体験を通して、いかに失敗しないかを事前によく考えて、慎重(しんちょう)に行動することの必要性を実感した。

□

3 97ページで書いた内容を元にして、「書き出し→中心→最後に」の下書きメモを作りましょう。

書き出し

中心

最後に

44 よく出るテーマ11 課題文を読んで書く問題（八百字）③

では、99ページの「下書きメモ」を元に、作文を書いていきます。

書き出し には、課題文の要約を書きます。

この【例題】では、要約は二百字程度と指定がありましたが、課題文のある問題で、細かい字数指定がない場合には、「書き出し」は3割、「中心」は4～5割、「最後に」は2～3割が目安です。

例 800字の場合…「書き出し」240字、「中心」320～400字、「最後に」160～240字

中心 は、これまでの書き方を参考にし、具体的な内容がわかるように書きましょう。「中心」と「最後に」が合わせて六百字程度になるように書きます。

※「中心」の元のメモは98ページ参照。

〈文章にするときのポイント〉

▼問題文に提示された条件に沿った内容になっているか。

▼どんな失敗をして、どんなことを考えたかを書けているか。

【わかりやすく書き直した例】

例 なぜこのような失敗をしたかというと、待ち合わせ日時の書かれたプリントを、事前にしっかり確認していなかったためだ。これまでも、親や先生から行事やテストの日程をしっかり確認するようにと注意されてきたが、あまり意識してこなかった。このことでようやく、自分の問題点を自覚し、必ずスケジュールはメモしたり、不安がなくても事前にこまめに確認したりするようになった。

最後に も、メモの内容を元に書いていきます。**中心** の内容を受けて、自分の失敗談に対する思いをまとめることを意識しましょう。必ずしも筆者の考えと一致していなくても構いません。

例 私は、この体験を通して、「確認不足だ」と周囲から指摘されてきたことを初めて意識した。そして、同じ失敗を繰り返さないためにはどうすればよいかを考え、具体的に対処することが大切だと思うようになった。

基本練習

答えは110ページ

次の作文を読んで、下の問いに答えましょう。

筆者は、一度も失敗をしなかったという人は一人もいないし、日常的に失敗は起こりうるものであると指摘している。そのうえで、失敗という経験を生かせば成功につながるし、失敗があることを前提に、「失敗した後でそれを改めないことこそが失敗である」という考え方を紹介している。よって、人生を生き抜くうえで、「失敗は無駄なことではない」という発想が必要であり、失敗をどのように今後に生かすかが重要であると主張している。

私の失敗談とそれに対処したこととして思い出すのは、中学一年生のときの体験だ。バレーボール部の練習試合に行くための待ち合わせ時間を間違えて遅刻したのだ。先生やほかの部員たちは、待ち合わせ時間に現れない私を心配して総出で探すことになり、時間通りに試合を始めることができなかった。また、自分の学校だけでなく、相手の学校にも大きな迷惑をかけてしまった。なぜこのような失敗をしてしまったかというと、待ち合わせ時間の記憶が曖昧だと感じていたにもかかわらず、待ち合わせ日時の書かれたプリントを、事前にしっかり確認していなかったためだ。これまでも、親や先生から行事やテストの日程をしっかり確認するようにと注意されてきたが、自分ではあまり問題だと意識してこなかったと思う。このことでようやく、自分の問題点を自覚した。そして、この失敗をきっかけに何事においても必ずスケジュールはメモするようにしたり、不安がなくても事前にこまめに確認したりするようになった。

私は、自分が遅刻して多くの人に迷惑をかけるという失敗を通して、確認不足だと周囲から指摘されてきた意味を初めて自分でも意識した。そして、同じ失敗を繰り返さないためにはどうすればよいかを考え、今後に生かす工夫を試みた。謝ったり反省したりしてその場限りで終わりにするのではなく、具体的な対処方法を考えることが大切だと思うようになった。

上の作文の内容に当てはまる言葉を選び、記号を○で囲みましょう。

① 課題文の内容について、
ア 詳細に説明
イ 端的に要約
している。

② どんな失敗談かを、
ア 最初に端的にまとめて
イ 会話を入れ生き生きと
書けている。

③ この失敗から学んだことを
ア 謝罪と原因の究明
イ 気づきと今後の在り方
に分けてまとめている。

別冊22～25ページの原稿用紙に自分の作文を書いてみましょう。

memo

高校入試 作文・小論文を
ひとつひとつわかりやすく。

01 原稿用紙の使い方
本冊13ページ

1 ①ア　②イ　③ア　④イ　⑤イ

2 ①修正箇所二箇所

　北海道の農産物日本一の中で、砂糖の原料
となるてんさい糖は、二〇二〇年には生産量
100%と、完全なるトップを誇った。

②修正箇所二箇所

「自然は厳しいが、水や食べ物がおいしくて、
広々としているところが何よりもよい。」
と、北海道に移住したAさんは話している。

解説 **2** ①書き出しは一字空けることと、年号の書き方に注意。資料中の数値は算用数字で書き、単位の記号を使って表記して構わない。
②読点（、）が一番上になる場合、前行の最後のマスに一緒に入れること、句点（。）と閉じかぎかっこ（」）は同じマスに入れることに注意。

02 話し言葉を使わない
本冊15ページ

1 ①およそ　②ので（ため）　③いろいろな　④ではなく

2 ①友人と話していて気づいたことは、意見の相違などで気まずくなってしまった場合には、逃げずにきちんと向き合うことの大切さだ。
②他者とより親しくなるには、対話の時間を増やすことが効果的だ。とはいえ、何でも話してしまえばよいというわけではなく、互いに思いやりをもつことが大前提だ。

解説 **1** ①「だいたい」、**2** ①「ちゃんと」、②「もっと」のような副詞は、無自覚に文章で使ってしまうことも多いので、注意しよう。

03 主語・述語が対応した文を書く
本冊17ページ

1 ①イ　②イ　③ア　④イ

2 ①例部長の役目は、全体に指示を出すことで、副部長の私の役目は、部員たちの様子を見守ることだ。
②例私が毎日の練習を欠かさないのは、継続こそが実力につながると考えているから（ため）だ。

解説 **2** ①「部長が全体に指示を出し、副部長の私が部員たちの様子を見守ることが、それぞれの役目だ。」などとしても正解。

04 接続語の使い方に気をつける
本冊19ページ

1 ①そこで　②ところが　③それに加えて　④なぜなら

2 ①例私は、英語への苦手意識をなくそうと決意した。まず、毎日、英単語を五つずつ覚えるようにした。それで、単語帳を一冊覚えたら、薄い問題集を買ってきて、一ページずつやることにした。
②例この街には、たくさんの観光スポットがある。例えば、古い建造物が残っている大通りや、歴史ある神社仏閣だ。それに、街のあちこちに点在する味のある飲食店も、多くの人を引きつけている。

解説 **1** それぞれ、□の前後の関係に注目。①前の事柄に対して、順当な結果があとに続いているので、順接の接続語「そこで」が当てはまる。②前の事柄に対して、順当ではない結果があとに続いているので、逆接の接続語「ところが」が当てはまる。③前の事柄に加えて、あとの事柄が加わっているので、累加の接続語「それに加えて」が当てはまる。④前の事柄に対してあとで理由を述べているので、説明の接続語「なぜなら」が当てはまる。
2 ①・②とも各文章の二文目、三文目の冒頭に接続語を補うことで、つながりがわかりやすくなることに注目。

05 指示語の使い方に気をつける
本冊21ページ

1 ①これ　②そんな　③こんな　④どのように

2 ①例これら（この二つの言葉）
②例より多くの人が納得できるようにする

解説 **1** ①前の「古い腕時計」を、②前の「物を大切にする人だ」を、③前の「有名なブランド品だ」を受けている。

06 修飾語の使い方に気をつける
本冊23ページ

1 ①イ ②ア ③イ ④イ

2 ①私は緊張しながら、本番に臨む妹を見守った。
②参加者が多い人気のオープンキャンパスに早めに応募した。

解説 **1** ①アは、「新しい」が「駅の」に係るのか「ベンチは」に係るのかがはっきりしない。
②イは、「張り切って」いるのが「私」なのか「選手たち」なのかがはっきりしない。
③アは、「笑顔で」いるのが「観光客」なのか「旅館の従業員たち」なのかがはっきりしない。
④アは、「かつての」が「卒業生から」に係るのか「旧校舎の」に係るのかがはっきりしない。

07 一文を短くする
本冊25ページ

1 ①イ ②ア

2 ①例夏の地区大会では優勝を狙っていたため、不注意で骨折してしまったことに後悔の念が強かった。さらに、私の代わりに出場することになった友人とは顔を合わせたくないとすら思ってしまった。
②例私は、人には大きく分けて二つのタイプがあると感じている。聞き上手な人、話し上手な人の二つだ。それに、どちらかというと自分の話を聞いてほしいという人のほうが多い気がしている。

解説 **2** ①「さらに」は「しかも」、②「それに」は「また」を使っても構わない。

08 間違えやすい言葉
本冊27ページ

1 ①ア ②イ ③イ ④イ ⑤イ ⑥ア

2 ①異→移 送→遅 立→率
②妨→防 究→及 治→納
③若干→弱冠 授→受 脅威→驚異 （各順不同）

解説 **1** ①イ「課程」は、「教育や訓練などで学ぶ一連の流れ」のこと。②ア「異義」は、「異なった意味」。③ア「規定」は、「決まり」。④ア「踊る」は、「舞を舞う」こと。⑤ア「荒い」は、「勢いが激しい」こと。⑥イ「変える」は、「物事や状態をそれまでと異なったものにする」こと。
2 同音異義語に注意。①「異動」は、「地位や勤務状態などが変わること」。「確立」は、「物事の基礎や内容をしっかり打ち立てること」。②「追究」は、「不明なことや未知のものを、深く調べて明らかにすること」。学問などに対して使う。ここでは、人や責任を問いただす意味で使われているので、「追及」を使う。③「脅威」は、「脅かすこと」。

09 間違えやすい漢字・送り仮名
本冊29ページ

1 ①イ ②ア ③イ ④イ ⑤イ

2 ①湡→満 預→預
②展→展 劵→券

3 ①敬う ②災い ③著しい （各順不同）

解説 **2** ①「満」は右の部分、「預」は左の部分を書き間違えていることに注目。②「展」「券」は下の部分を書き間違えていることに注目。
3 ①送り仮名を「敬まう」、②「災わい」、③「著るしい」などとする間違いに注意しよう。

10 説得力のある文章を書く
本冊31ページ

1 ①イ ②ア

2 ①例私の趣味は、動画編集だ。中学一年生の夏に、家族旅行の動画に音楽を付けて編集したら、家族に褒められたのがきっかけだ。それから、身近なものを撮影して自分の好みに編集することが楽しくなった。
②例私は、部活よりも勉強優先だという考えに反対だ。なぜなら、知識を学ぶ勉強だ

けでは得られないような経験が、部活動で得られると考えるからだ。例えば、私はソフトボール部の活動を通して、チームワークの大切さを学んだ。

解説 **1** ①**ア**は、アルバイト禁止に反対する理由として、「私にはやりたいアルバイトがある」と、自分の個人的なことを挙げていることから、説得力に欠けていると判断できる。②**イ**は、自然エネルギーの開発に携わりたい理由として、従来の発電方法には「デメリットしかない」と主観的で偏見に満ちた書き方をしていることから、説得力に欠けると判断できる。

11 三つのブロックでまとめる

本冊33ページ

1 ①ウ　②ア　③イ

2 ①イ→ア→ウ　②ウ→イ→ア

解説 **2** 「中心」では、最も具体的な内容が書かれていることに注目。「最後に」では、「このように」などのまとめの言葉を使うと、まとめの内容であることを示せることに注目。

復習テスト （本冊34ページ）

1 ①例 調査対象は、本校の中学一年生から三年生までとした。

②例 入れてくれた人（入れてくれていた人）

③百二十三

④回答

⑤例 塾に続いて、英会話教室に通う人や、通信教育で勉強している人

⑥エ

2 ①エ　②ア　③ウ

3 ①例 私がこの本の主人公から学んだことは、困難や逆境が続いても決して運命や周囲の人を憎むことなく、ひたむきに現実に対応し、問題があったら一つずつ解決しようとしていく姿勢だ。私はどちらかというとこの主人公とは逆で、すぐに周りを恨んだり現実逃避してしまったりするところがある。

②例 私は小学校時代までは読書があまり好きではなかったが、中学校に入ってから読書好きに変わった。そのきっかけには、ある図書委員の先輩との出会いがあった。先輩から読書の楽しさを聞いたことで、本を読んでみようと思うようになったのだ。この出会いは、私にとって非常に大きかった。

③例 私は、高校には制服は必要だという考えに賛成である。なぜなら、規律を守って集団生活を送るのに制服は有効だと考えるからだ。また、私服だと何を着ていこうかとファッションに気を取られて、本来大切にすべき勉強や部活がおろそかになる危険性もあるのではないかと思う。

解説 **1** ①「本校の中学一年生から三年生までを対象とした。」としても正解。⑤「塾のほか、英会話教室に通う人や、通信教育で勉強している人の」としても正解。⑥空欄の前では、塾や英会話教室に通う人や、通信教育で勉強している人の例を挙げており、空欄のあとでは、習い事を続けている人のことを挙げているので、並立を表す**エ**「また」が当てはまる。

12～14 高校生活への抱負

本冊36ページ

【37ページ】

例を参考にして、自分なりに書いてみましょう。

アドバイス まずは自分が書きやすいところから埋めていき、全項目について書き出してみることをお勧めします。作文テーマとして選ばなかった内容も、面接のときに問われる場合などもありますので、整理しておくと役に立つでしょう。

【39ページ】

1 ①ウ→ア→イ　②イ→ウ→ア

2 38ページの例を参考にして、自分なりに書いてみましょう。

解説 **1** 「書き出し」で高校生活で自分がしたいことを、「中心」でそう思うようになったきっかけを、「最後に」でその体験を通して、どんな自分になりたいかを書いている。

【41ページ】

①ア　②イ　③イ

解説　②実際の自分の体験談を挙げていることに注目。③「これから社会の一員として働くときに生かしたい」と述べていることに注目。

15~17 中学校生活の思い出

本冊42ページ

【43ページ】

例を参考にして、自分なりに書いてみましょう。

アドバイス　まずは自分が書きやすいところから埋めていき、全項目について書き出してみることをお勧めします。作文テーマとして選ばなかった内容も、面接のときに問われる場合などもありますので、整理しておくと役に立つでしょう。

【45ページ】

1　①ウ→イ→ア　②イ→ア→ウ

2　**44ページの例を参考にして、自分なりに書いてみましょう。**

解説　1「書き出し」で中学校生活で印象に残っていることを、「中心」でその具体的な体験を、「最後に」でその経験を通して、どんなことを学んだかを書いている。

【47ページ】

①ア　②イ　③ア

解説　②「しかし」「すると」「そうして」などの接続語を使っていることに注目。③この体験を通して学んだことを端的にまとめ、高校でも部活動に前向きに取り組みたいと書いている。

18~20 将来の夢

本冊48ページ

【49ページ】

例を参考にして、自分なりに書いてみましょう。

アドバイス　①「どのような生き方をしたいか」をここで初めて考える場合や思いつかないという場合、周囲の大人や、本や映画などの登場人物の生き方を参考に、素敵だな、理想的だなと感じられる人を探してみるとよいでしょう。複数の人物の生き方のよいと思うところを挙げ、共通点を見つけてみると、自分が求める生き方が見えてきます。②就きたい職業や、③高校卒業後の進路は、その後変わってしまっても構いません。大切なのは、自分がそう考えた理由を、わかりやすく文章にまとめられているかどうかです。

【51ページ】

1　①ウ→イ→ア　②イ→ウ→ア

2　**50ページの例を参考にして、自分なりに書いてみましょう。**

解説　1「書き出し」で高校卒業後にどうするつもりかを、「中心」でその理由を、「最後に」でそのためにしようとしていることや、どのような生き方をしたいかについて書いている。

【53ページ】

①イ　②イ　③イ

解説　②いとこの姿を見ているうちに、自分の進路への考えが変わったことを説明している。

21~23 志望理由

本冊54ページ

【55ページ】

例を参考にして、自分なりに書いてみましょう。

アドバイス　志望校のパンフレットやホームページの学校案内に書いてあることをよく読み、気になる特徴をピックアップしてから書き出すとよいでしょう。自分が志望する高校の魅力についての理解が深まるため、このテーマでも、なるべく全項目について書き出してまとめておくことをお勧めします。

【57ページ】

1　ウ→イ→ア

2　**56ページの例を参考にして、自分なりに書いてみましょう。**

解説　1「書き出し」でその高校を志望した理由を、「中心」でそう思うに至った自分の体験を、「最後に」で志望校に入学できたらどんなことをしたいかについて書いている。

【59ページ】

①イ　②ア　③イ

解説　②志望理由として挙げた二つの要素に対し

て、自分が入学後にどのようにしていくつもりかを説明していることに注目。③自分の将来の目標を挙げ、そのために志望校に入学したらどうしたいかについて説明していることに注目。

24〜26 抽象的なキーワード

本冊60ページ

【61ページ】

例を参考にして、自分なりに書いてみましょう。

アドバイス　抽象的なキーワードは、何が出題されるかという予測は難しいので、あなたが志望する高校で出題される傾向がある場合には、過去問にも挑戦してみるなどして、慣れておくとよいでしょう。まずは言葉そのものの意味を正確にとらえ、その後、その言葉に関連した自分の体験や思いを挙げられるようにします。

【63ページ】

1 ①イ→ア→ウ　②ウ→ア→イ

2 62ページの例を参考にして、自分なりに書いてみましょう。

解説　**1** 「書き出し」で「対話」について自分はどう受け止めているかを、「中心」でそう思うようになった体験やそう考える理由を、「最後に」でこれまで述べたことを端的にまとめて書いている。

【65ページ】

①イ　②ア　③イ

解説　②祖母のコートをもらい受けるようになった経緯を説明し、その後にそのコートを通してどのようなことを感じたかを説明していることに注目。

27〜29 国際化社会と異文化理解

本冊66ページ

【67ページ】

例を参考に、自分なりに書いてみましょう。

アドバイス　近年のインターネットの普及や輸送技術の発達により、国どうしの境は曖昧になっています。国籍に関わらず共通の趣味をもったり、交友関係を広げたりすることが容易になっています。このような現状を踏まえて、国際化社会の中で、異文化を理解しながら生きるには、どのような考えや能力が求められるのかについて、自分なりに考えてみるきっかけにしましょう。

【69ページ】

1 イ→ウ→ア

2 68ページの例を参考にして、自分なりに書いてみましょう。

解説　**1** 「書き出し」で国際化社会で必要だと考えていることを、「中心」でそう考えるようになったきっかけを、「最後に」で自分の考えを実現させるためにはどうすることが大切だと考えるかについて書いている。

【71ページ】

①ア　②イ　③イ

解説　①66ページの【例題】で「国際化社会の中で生きていくために必要な姿勢」と「異文化を理解するために求められること」の二つが問われており、それに対する自分の考えを、それぞれ簡潔に説明していることに注目。②「中心」の前半では自分の経験を挙げ、後半ではその経験から考えたことを説明していることに注目。③これまで書いた内容を、言葉を変えて端的にまとめていることに注目。「最後に」では新たな意見や考えは挙げず、これまで書いてきたことをまとめるようにしよう。

30〜32 賛否を問われる問題

本冊72ページ

【73ページ】

例を参考に、自分なりに書いてみましょう。

アドバイス　賛否を問われる問題では、まず、賛成意見と反対意見の両方を考える練習をしてみるとよいでしょう。賛成・反対の根拠としては、自分の実体験にこだわらず、社会的に表れたデータや、一般的な事例を挙げるとよいでしょう。また、テーマによっては、そうした具体的な根拠を挙げるのが難しい場合もあります。その場合は、主観的な意見に偏りすぎないように注意し、読み手が納得できるような妥当性のある内容になるように気をつけましょう。

【75ページ】

1 ア

2 イ

3 74ページの例を参考にして、自分なりに書いてみましょう。

解説 1イは、「本当に取り組むべき得意な分野に使う時間が減ること」の問題点を示さない限り「賛成」する理由にはならない。

2アは、苦手な分野を克服しないことが、「何か壁に直面したときに常に逃げ続ける卑きょうな人間になってしまう」ことにつながると断言しており、主張が極端すぎることに注目。

【77ページ】

①イ ②ア ③イ

解説 ②最初に理由が二つあることを示し、「一つ目の理由は」「二つ目の理由は」と順序を示す言葉でわかりやすく説明していることに注目。③問題で提示された意見に反対する理由を端的にまとめ、改めて「反対である」と述べていることに注目。

33～35 グラフや資料のある問題（表・棒グラフ）

本冊78ページ

【79ページ】

例を参考にして、自分なりに書いてみましょう。

アドバイス グラフや資料のある問題では、まずそのグラフや資料で示されている事実を正確にとらえることが大切です。そのうえで、自分がどんな点に注目し、問題点や改善点としてどんなことを挙げられるかを考えるようにしましょう。この例題では、小学生・中学生・高校生の情報機器との関わり方について扱っています。

【81ページ】

1 イ

2 ウ

3 80ページの例を参考にして、自分なりに書いてみましょう。

解説 1イは、小学生・中学生・高校生ともに割合に違いはあれど、インターネットの利用時間は3時間を超す割合が半数を超えている。そのため、どの年代も利用時間が長いことがわかる資料であることをおさえる。

2ウでは、スマートフォンやインターネットを使わない人がいるという内容であるため、利用する際の注意点を述べる内容としては不適切である。

【83ページ】

①イ ②ア ③ア

解説 ②「一つ目は」「二つ目は」と順序を示す言葉が入っていることに注目。③資料を見て感じた問題点を述べたあと、自分が今後どのようにスマートフォンやインターネットを使うつもりかを、利用時間の制限などの対策を具体的に挙げて示している。

36～38 グラフや資料のある問題（円グラフ・棒グラフ）

本冊84ページ

【85ページ】

例を参考にして、自分なりに書いてみましょう。

アドバイス この例題では、環境問題（衣類の大量廃棄）について扱っています。

【87ページ】

1 イ

2 イ

3 86ページの例を参考にして、自分なりに書いてみましょう。

解説 1イは、資料㋑と㋒に関連があると述べているが、資料㋑の「衣類を不燃ごみ・可燃ごみとして廃棄する理由」と、資料㋒の「サステナブルファッションへの関心割合」とには関連性はないことに注目。

2イの、「なるべく安く、手軽に購入できる」衣類を選ぶことは、サステナブルファッションの取り組みとしては当てはまらず、むしろサステナブルファッションとは逆の傾向のものであることをとらえる。

【89ページ】

①イ ②ア ③イ

解説 ②「まず、資料㋐・㋑を見て考えたこととしては」「次に、資料㋒を見て考えたこととしては」と分けて説明していることに注目。③「本当に気に入ったものを選ぶ」という誰でも行いやすいことを挙げていることに注目。また、「最後に」では、たとえ斬新で画期的なものを後から思いついても新たな意見や考えは挙げず、これまで書いてきたことをまとめるようにしよう。

39～41 課題文を読んで書く問題（六百字）

本冊90ページ

【91ページ】

①**A** 地域への貢献や地域の活性化を目的として

B さまざまな世代の住民が継続的に参加できる場を設けること

②・③例を参考にして、自分なりに書いてみましょう。

アドバイス　グラフ・資料だけでなく、何らかの内容をテーマにした課題文が提示された問題もあります。まずは、国語の現代文と同様に、課題文で述べられている筆者の意見を正確にとらえましょう。先に要約することが求められ、その後で「課題文に対する自分の意見」「課題文に関連した自分の体験や意見」などの条件が提示されることが多いです。この例題では、地域貢献や地域活動をテーマにした課題文を扱っています。

【93ページ】

1 ウ

2 ア

3 92ページの例を参考にして、自分なりに書いてみましょう。

解説　**1** どれも地域貢献を目指す意見として適切ではあるが、ここでは「課題文の主張に合うもの」という条件に従って選ぶことに注意。課題文では、ある中学校の合唱部の取り組みと、ある商業高校の取り組みを挙げて、継続的に行われている活動の利点について述べているため、**ウ**が当てはまる。

2 **ア**の内容は、「年を取ってからは貢献される側に立ちたい」という自分にとって都合のよい考えを述べており、主観的かつ、地域貢献の意義について述べる内容からは外れているため、不適切。

【95ページ】

①ア　②ア　③イ

解説　②「中心」の冒頭で、「私が体験した地域活動で印象に残っているのは」と、過去に体験した地域活動についての説明だと明確に示していることに注目。③「中心」で挙げた自分の体験を通して感じたことや、今後どうありたいかについて述べていることに注目。

42～44 課題文を読んで書く問題（八百字）

本冊96ページ

【97ページ】

①**A** 原因を究明しようとしたり対処方法を考えたりします

B（人生を生き抜くうえで、）「失敗は無駄なことではない」という発想

②・③例を参考にして、自分なりに書いてみましょう。

アドバイス　この例題では、「失敗との向き合い方」をテーマにした課題文を扱っています。60～65ページの「抽象的なキーワード」と同様に、人それぞれ受け止め方や考え方が異なるテーマです。まずは筆者がどのように考えているのかを正確にとらえ、そのうえで、問題の条件に沿った項目ごとに、自分の体験や思いを書き出してみましょう。

【99ページ】

1 ウ

2 イ

3 98ページの例を参考にして、自分なりに書いてみましょう。

解説　**1** この課題文では、失敗しない人はいないため、失敗をいかに生かすかが重要だと述べているので、**ウ**が当てはまる。

2 失敗する前提で展開している文章であることから、失敗しないように気をつけるという内容の**ア**や**ウ**は当てはまらない。

【101ページ】

①イ　②ア　③イ

解説　②「中心」の前半で、中学一年生のときのどんな失敗談かを説明していることに注目。③この失敗によって「確認不足」という自分の問題点を自覚したこと、それによって失敗しないために、今後どうするつもりかを書いていることに注目。

練習用原稿用紙（PDF）のダウンロードについて

作文・小論文を繰り返し練習できるように、本書を購入いただいた方にダウンロードできる原稿用紙（PDF）をご用意しました。

1．右にある二次元コードをスマートフォンやタブレットで読み取るか、または**https://gbc-library.gakken.jp/**にアクセスしてください。
2．**GakkenID**でログインしてください（お持ちでない方は、**GakkenID**の取得が必要になります。詳細はサイト上でご案内しています）。
3．ログイン後「コンテンツ追加」をクリックし、以下の**ID**、**PW**を登録すると練習用原稿用紙をダウンロードしていただけます。

ID：g6meh

PW：39kdhegm

※本サービスは、予告なく終了する場合があります。
※お客様のインターネット環境やご利用の端末の状況により、**PDF**がダウンロードできない場合は当社は責任を負いかねます。

神尾雄一郎
1982年，群馬県生まれ。開成中学校・高等学校，慶應義塾大学総合政策学部卒。中央大学大学院にて公共政策修士号を取得。ディベートの指導者として，母校である開成中・高の弁論部監督を20年以上務め，指導の信条である「誠実なディベート」が長きにわたって評価されている。
また，株式会社ジーワンラーニング代表取締役として，「小論文」「総合型選抜・推薦入試」「国語（現代文）」を中心とした入試指導を小中高生に幅広く展開し，記述型模擬試験や小論文・作文・志望理由書の添削業務も手掛けている。さらに，「NPO法人ロジニケーション・ジャパン」理事長として，グループプレゼンテーションの大会や出張授業を行い，論理的コミュニケーション力の重要性を社会に広めている。2022年より情報経営イノベーション専門職大学客員教授を務める。

高校入試 作文・小論文をひとつひとつわかりやすく。

監修
神尾雄一郎

編集協力
鈴木瑞穂
株式会社かえでプロダクション
佐藤玲子
相澤　尋
高木直子

カバーイラスト
坂木浩子

本文イラスト
村山宇希

ブックデザイン
山口秀昭（Studio Flavor）

DTP
株式会社四国写研

高校入試
作文・小論文をひとつひとつわかりやすく。

解答用原稿用紙

軽くのり付けされているのでゆっくりはがしましょう。

Gakken

本冊
36〜41
ページ

高校生活への抱負(ほうふ)

1 2 3 4 5 6 7 8 9 10

20 40 60 80 100 120 140 160 180 200

振(ふ)り返り

別のアイディアもあるか考えてみよう

学習日

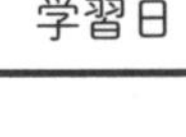

書き終えたらここをチェック！

次の項目がしっかり書けているか、読み返して○をつけよう。

	よく書けた	書けた	まだまだ
・前向きに高校生活を送ろうとしているか。	☺	☺	😐
・高校生活への期待や抱負を具体的にもっているか。	☺	☺	😐
・自分の今後に結びつくような、期待や抱負を挙げられているか。	☺	☺	😐

20 19 18 17 16 15 14 13 12

400 380 360 340 320 300 280 260 240 220

他の「最後に」の書き方もあるか考えてみよう

本冊
42～47
ページ

中学校生活の思い出

0 9 8 7 6 5 4 3 2 1

200 180 160 140 120 100 80 60 40 20

振り返り

別のアイディアもあるか考えてみよう

学習日

20 19 18 17 16 15 14 13 12

400 380 360 340 320 300 280 260 240 220

書き終えたらここをチェック！

次の項目(こうもく)がしっかり書けているか、読み返して○をつけよう。

	よく書けた	書けた	まだまだ
・中学校でどのようなことに取り組んできたのか。	☺	☺	☺
・過去を前向きに振(ふ)り返ることができているか。	☺	☺	☺
・経験を学びや今後につなげることができているか。	☺	☺	☺

他の「最後に」の書き方もあるか考えてみよう

本冊
48〜53
ページ

将来の夢

学習日

書き終えたらここをチェック！

次の項目がしっかり書けているか、読み返して○をつけよう。

	よく書けた	書けた	まだまだ
・自分の将来について真剣に考えているか。			
・なぜそのような夢を抱くようになったのか。			
・夢の実現に向けてどのような努力や心構えが必要だと考えているか。			

20 19 18 17 16 15 14 13 12

400 380 360 340 320 300 280 260 240 220

他の「最後に」の書き方もあるか考えてみよう

本冊
54～59
ページ

志望理由

振り返り

別のアイディアもあるか考えてみよう

学習日
／

(Manuscript grid: 600 / 575 / 550 / 525 / 500 / 475 / 450 / 425 / 400 / 375 / 350 / 32…)

書き終えたらここをチェック！

次の項目がしっかり書けているか、読み返して〇をつけよう。

	よく書けた	書けた	まだまだ
・どのような理由から、その高校を志望しているか。	☺	☺	😐
・その高校のどんなところに魅力を感じているか。	☺	☺	😐
・入学後に、どのような高校生活を送りたいのか。	☺	☺	😐

他に付け加えられる内容はあるか考えてみよう

他の「最後に」の書き方もあるか考えてみよう

本冊
60〜65
ページ

抽象的なキーワード

学習日

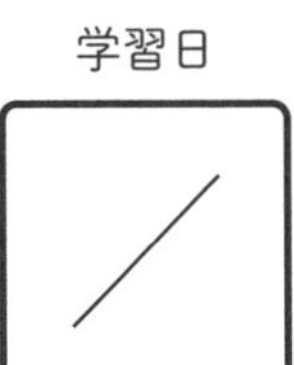

0 9 8 7 6 5 4 3 2 1

200 180 160 140 120 100 80 60 40 20

振り返り

別のアイディアもあるか考えてみよう

書き終えたらここをチェック！

次の項目がしっかり書けているか、読み返して○をつけよう。

	よく書けた	書けた	まだまだ
・「対話」というキーワードを、どのようにとらえているか。	☺	☺	☹
・その言葉へのとらえ方を、自分の体験を挙げて説明できているか。	☺	☺	☹
・具体例を挙げてわかりやすく説明できているか。	☺	☺	☹

20 19 18 17 16 15 14 13 12

400 380 360 340 320 300 280 260 240 220

他の「最後に」の書き方もあるか考えてみよう

本冊
66〜71
ページ

国際化社会と異文化理解

振り返り

別のアイディアもあるか考えてみよう

学習日

書き終えたらここをチェック！ 次の項目がしっかり書けているか、読み返して○をつけよう。

	よく書けた	書けた	まだまだ
・国際化社会の中で生きることをどう考えているか。	☺	☺	☹
・異文化を理解するために必要なことを認識できているか。	☺	☺	☹

他に付け加えられる内容はあるか考えてみよう

他の「最後に」の書き方もあるか考えてみよう

本冊
72〜77
ページ

賛否を問われる問題

振り返り

別のアイディアもあるか考えてみよう

学習日

／

書き終えたらここをチェック！

次の項目がしっかり書けているか、読み返して○をつけよう。

	よく書けた	書けた	まだまだ
・賛成か反対か、自分の立場を明らかにしているか。	☺	☺	☹
・自分がその立場を取った理由を説明できているか。	☺	☺	☹

20 19 18 17 16 15 14 13 12 1

400 380 360 340 320 300 280 260 240 220

他の「最後に」の書き方もあるか考えてみよう

本冊
78〜83
ページ

グラフや資料のある問題（表・棒グラフ）

学習日
／

振(ふ)り返り
別のアイディアもあるか考えてみよう

24 23 22 21 20 19 18 17 16 15 14 13

600 575 550 525 500 475 450 425 400 375 350 325

他に付け加えられる内容はあるか考えてみよう

他の「最後に」の書き方もあるか考えてみよう

書き終えたらここをチェック！

次の項目がしっかり書けているか、読み返して○をつけよう。

	よく書けた	書けた	まだまだ
・設問文に提示された条件を、正しく読み取れているか。	☺	☺	☺
・二つの資料に表れた特徴を読み取れているか。	☺	☺	☺
・二つの資料から、どのような問題点と注意点を見いだしたかを説明できているか。	☺	☺	☺

本冊
84〜89
ページ

グラフや資料のある問題（円グラフ・棒グラフ）

学習日
／

2 11 10 9 8 7 6 5 4 3 2 1

00 275 250 225 200 175 150 125 100 75 50 25

振り返り

別のアイディアもあるか考えてみよう

24 23 22 21 20 19 18 17 16 15 14

600 575 550 525 500 475 450 425 400 375 350

他に付け加えられる内容はあるか考えてみよう

他の「最後に」の書き方もあるか考えてみよう

書き終えたらここをチェック！

次の項目がしっかり書けているか、読み返して○をつけよう。

	よく書けた	書けた	まだまだ
・設問文に提示された条件を、正しく読み取れているか。	☺	☺	☹
・三つの資料に表れた特徴を読み取れているか。	☺	☺	☹
・三つの資料から、どのような改善点や対策を見いだしたかを説明できているか。	☺	☺	☹

本冊
90〜95
ページ

課題文を読んで書く問題（六百字）

12 11 10 9 8 7 6 5 4 3 2 1

300 275 250 225 200 175 150 125 100 75 50 25

振り返り

別のアイディアもあるか考えてみよう

学習日

／

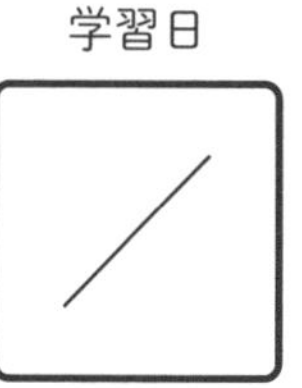

24 23 22 21 20 19 18 17 16 15 14 1

600 575 550 525 500 475 450 425 400 375 350 32

書き終えたらここをチェック！

次の項目（こうもく）がしっかり書けているか、読み返して○をつけよう。

	よく書けた	書けた	まだまだ
・設問文に提示された条件を、正しく読み取れているか。			
・体験して感じたことや、今後なぜその活動をしたいと思ったか。			
・体験談や今後考えられることと、自分の思いを結びつけているか。			

他に付け加えられる内容はあるか考えてみよう

他の「最後に」の書き方もあるか考えてみよう

本冊
96〜101
ページ

課題文を読んで書く問題（八百字）

振り返り

別のアイディアもあるか考えてみよう

学習日

／

20 19 18 17 16 15 14 13 12 11

400 380 360 340 320 300 280 260 240 220

振り返り
他に付け加えられる内容はあるか考えてみよう

書き終えたらここをチェック！　次の項目がしっかり書けているか、読み返して○をつけよう。

	よく書けた	書けた	まだまだ
・設問文に提示された条件を、正しく読み取れているか。	☺	☺	☺
・自分の「失敗への向き合い方」が端的に表れた経験談を挙げているか。	☺	☺	☺
・「失敗」に対する、自分なりの思いを書けているか。	☺	☺	☺

40 39 38 37 36 35 34 33 32 31

800 780 760 740 720 700 680 660 640 620

他の「最後に」の書き方もあるか考えてみよう

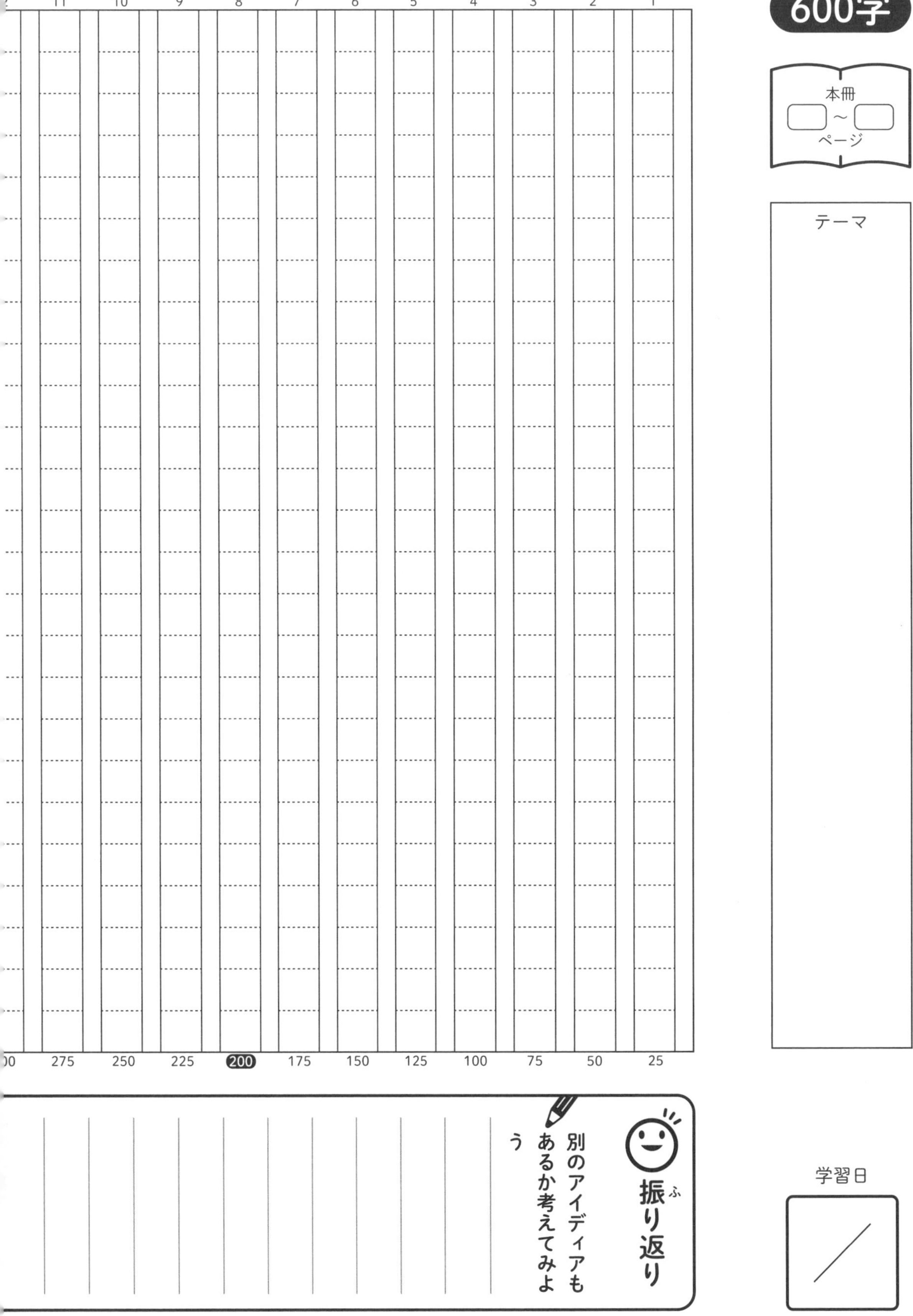

600字
本冊
〜
ページ
テーマ
11
10
9
8
7
6
5
4
3
2
1
275
250
225
200
175
150
125
100
75
50
25
振り返り
別のアイディアもあるか考えてみよう
学習日

他に付け加えられる内容はあるか考えてみよう

他の「最後に」の書き方もあるか考えてみよう

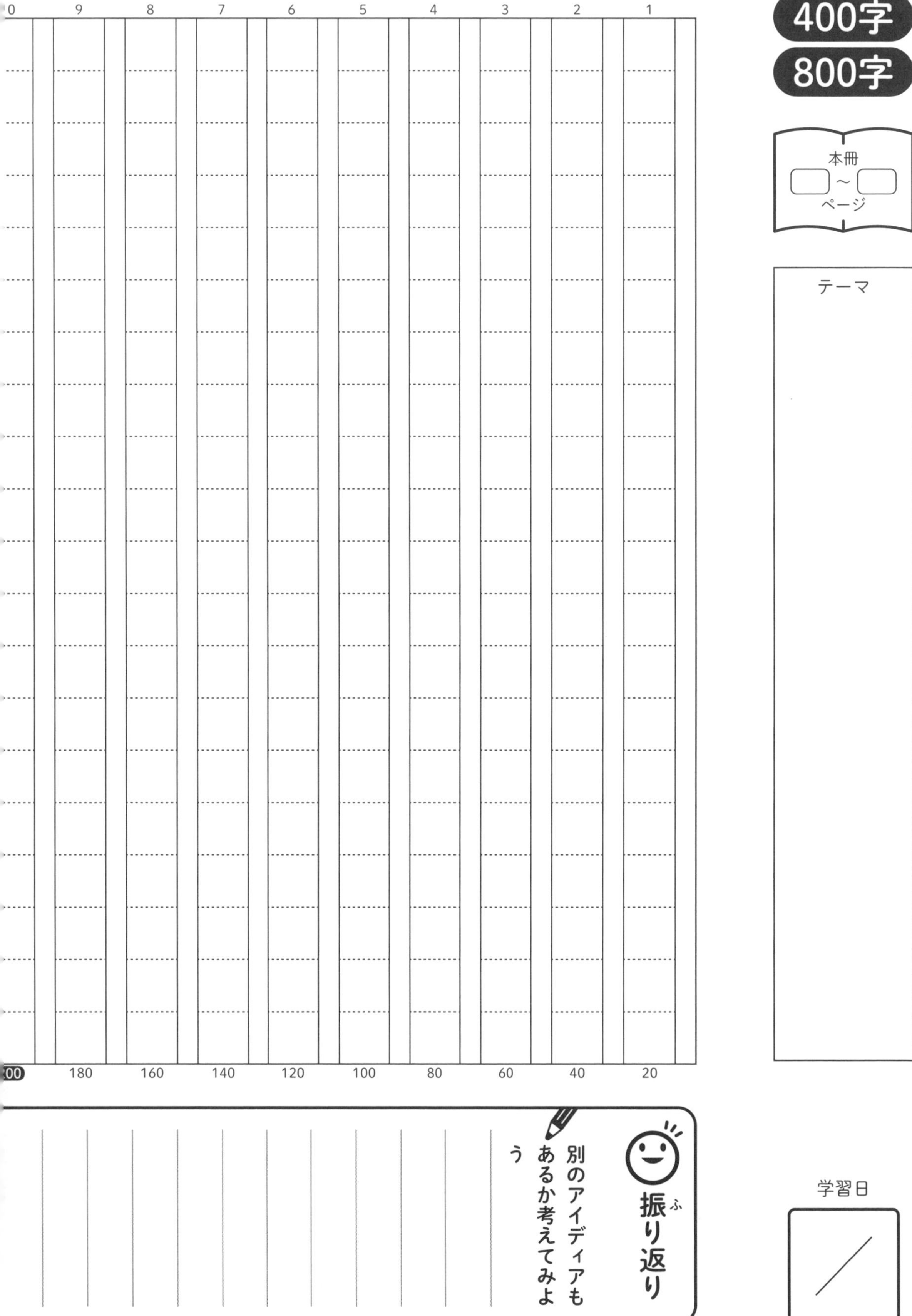

400字

800字

本冊　～　ページ

テーマ

振(ふ)**り返り**

別のアイディアもあるか考えてみよう

学習日

20 19 18 17 16 15 14 13 12

400 380 360 340 320 300 280 260 240 22

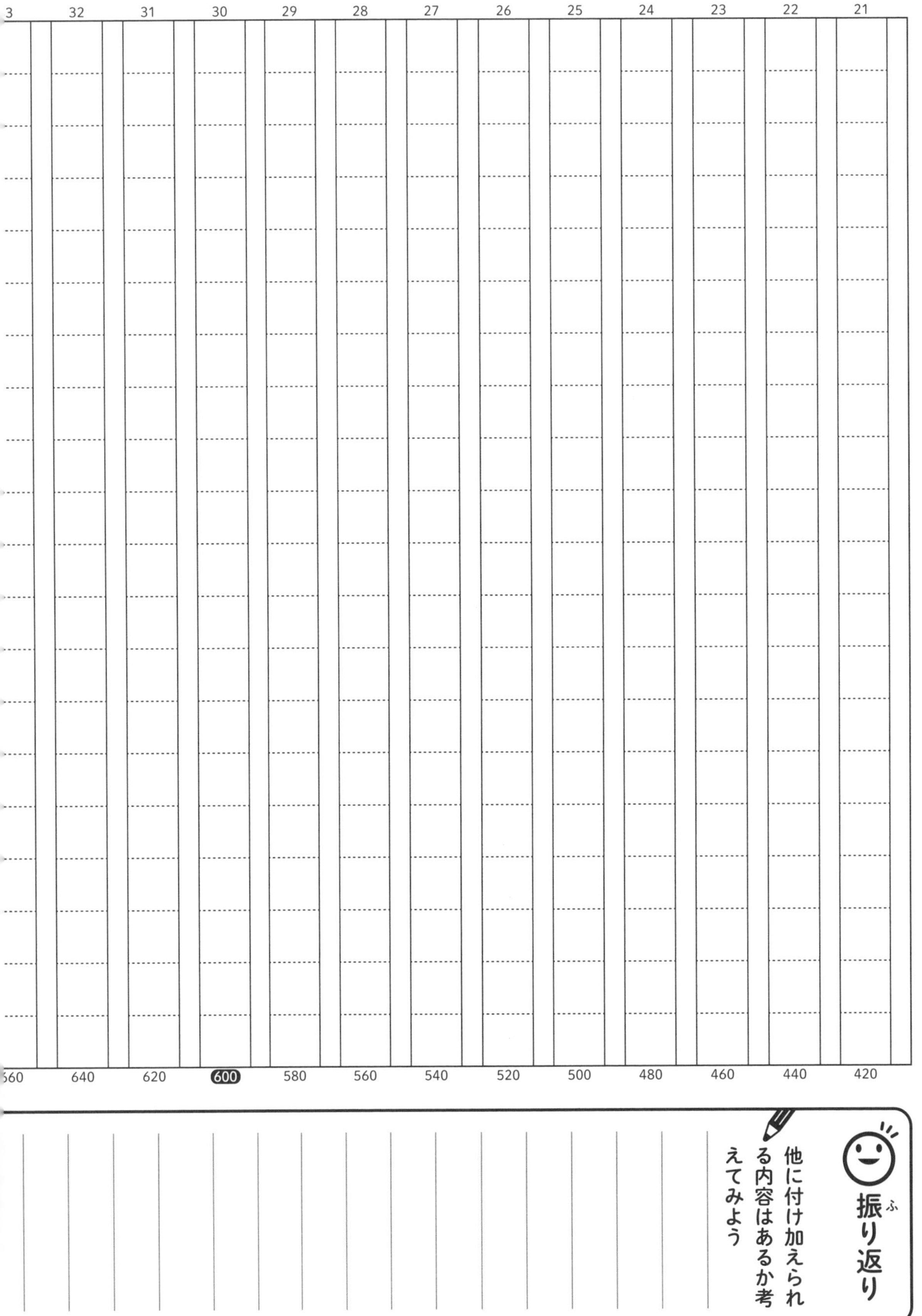

振り返り

他に付け加えられる内容はあるか考えてみよう

他の「最後に」の書き方もあるか考えてみよう